Antoine de Saint-Exupéry

Briefe an seine Mutter

HERDER / SPEKTRUM
Band 4007

Das Buch

Millionen lieben und lesen die Bücher von Antoine de Saint-Exupéry. Ein Grund für die Faszination ist seine existentielle Weisheit, seine unmittelbare Menschlichkeit. Schreiben war für Saint-Exupéry immer ein sehr persönlicher Vorgang, glaubwürdig nur als Verdichtung des eigenen Erlebens. In diesem Buch begegnet der unsterbliche Dichter in den Briefen an seine Mutter in unmittelbarer Spontaneität Der Vater starb schon 1904. Zeitlebens verbindet ihn mit seiner Mutter ein besonders vertrautes Verhältnis. Die Briefe, die er an sie richtete, reichen von 1910, aus den Anfängen der Gymnasialzeit, bis zum Juli 1944, geschrieben unmittelbar vor dem Flug, von dem er nicht mehr zurückkehrte. Sie spiegeln Nöte und Freuden, sie erzählen von Liebe, Leid und Abenteuer auf eine ganz direkte Weise. Ein reiches Leben lassen sie aus einer intimen Nähe neu verstehen: Briefe eines verwunderten und glücklichen Kindes, aber auch eines Dichters unendlicher Zärtlichkeit. Literarische Zeugnisse der Sensibilität einer großen Seele und der tiefen Sehnsucht nach Verbundenheit. Ein kostbarer Schatz an Poesie und Dankbarkeit. Im letzten Brief, den wir von ihm besitzen, steht der Satz: „Wenn ich zurückkehre, wird eins meine Sorge sein: Was gilt es den Menschen zu sagen?" Dieser Band gibt die Botschaft eines großen Herzens weiter.

Der Autor

Antoine Saint-Exupéry, geb. 29.6.1900, gest. 31.7.1944, einer der beliebtesten Schriftsteller dieses Jahrhunderts. Er arbeitete als Handelsvertreter, Flieger, Postkurier, als Kommandant eines Flugplatzes in der afrikanischen Wüste, als Versuchsflieger und Korrespondent, als Werbeleiter der Air France und, während des Weltkrieges, als Fliegeroffizier. Von einem Aufklärungsflug über dem westlichen Mittelmeer kehrte er 1944 nicht mehr zurück. Für sein Werk „Wind, Sand und Sterne" erhielt er den Romanpreis der Academie française. „Der Kleine Prinz" gehört zu den Weisheitsklassikern der Weltliteratur. Unter seinen Werken: Flug nach Arras; Die Stadt in der Wüste; Gebete der Einsamkeit u. a. Bei Herder: Worte wie Sterne. 1992 erscheinen in Herder/Spektrum seine bezaubernden Liebesbriefe: „Briefe an Rinette".

Antoine de Saint-Exupéry

Briefe
an seine Mutter

Botschaften
eines großen Herzens

Herder
Freiburg · Basel · Wien

Ungekürzte Ausgabe
Titel der Originalausgabe: Lettres à sa mère
Aus dem Französischen von Oswald von Nostitz

Man sehnt sich gewaltig danach, heimzukommen, um zu behüten und Schutz zu gewähren, und man reißt sich die Nägel aus an diesem Sand, der einen hindert, seine Pflicht zu tun, und man möchte Berge versetzen. Dich aber brauche ich; es war an Dir, mich zu behüten und mir Schutz zu gewähren, und ich rief nach Dir mit der Selbstsucht einer kleinen Ziege ... durch Dich kommt man heim.

Inhalt

Den Briefen Antoine de Saint-Exupérys an seine Mutter wurden
– in der entsprechenden zeitlichen Reihenfolge – einige Briefe
hinzugefügt, die er seinen Schwestern und seinem Schwager geschrieben hat.

Einführung
von
Madame de Saint-Exupéry

Es geht nicht um mich: „Ich bin nur der Überbringer."

Es geht nicht um uns: wir sind ein Weg für Gott, der sich einen Augenblick unserer Generation bedient und sie verbraucht.

Die Stadt in der Wüste

Man hat von Antoine de Saint-Exupéry gesagt: „Wir wissen, daß er nie den Frieden gekannt hat. Es ging ihm nur darum, das Wesentliche auszuteilen, weniger an die Seßhaften, die Satten, als an die Ungeduldigen, die Brennenden, welches Feuer sie auch verzehren mochte."[1]

An sie wendet sich die Botschaft Antoines, da er die gleichen Freuden, die gleichen Schwierigkeiten, die gleichen Hoffnungen, vielleicht auch die gleiche Verzweiflung kennenlernte wie sie. Seine Briefe und seine Bücher zeugen von diesen Freuden und diesen Kämpfen: Den Freuden einer glücklichen Kindheit.

Dem Daseinskampf in Paris, als er Buchhalter in einer Ziegelei war, und in Montluçon, wo er die Lastwagen-Firma Saurer vertrat.

Dem Kampf gegen die Wüste und die Elemente, als er die Fluglinie Toulouse–Dakar sicherte; in der Libyschen Wüste während des Fluges von Paris nach Saigon.

Dem Kampf gegen die Einsamkeit in der Abgeschiedenheit Cap Jubys.

Dem Kampf gegen die Ungerechtigkeit in Marignane.

Dem Kampf gegen das Verzagen, als er in Algier gelandet war, bereit, für sein Land in den Tod zu gehn, und es erleben mußte, wie ihm verwehrt wurde „teilzuhaben", um seinen eigenen Ausdruck zu gebrauchen. Schließlich dem letzten Kampf in Borgo, dem Kampf mit dem Tode. Von diesem ständigen Kampf, der ihn von seiner umhegten Kindheit durch

harte Prüfungen Gott entgegenführte, legen seine Briefe
Zeugnis ab.

Jugendfreuden und Kindheitserinnerungen

Als er eine einsame Nacht in der Wüste verbringt, wenden
sich seine Gedanken dem Hause in der Heimat zu:
„Es genügte, daß es dieses Haus gab, um meine Nacht mit seiner Gegenwart zu erfüllen.
Ich war nicht mehr Strandgut auf fremder Küste, ich fand
mich zurecht, ich war Kind dieses Hauses, voller Erinnerungen an seine Gerüche, an die Kühle seiner Flure, an die Stim-
men, die es belebt hatten; sogar das Froschgequake in den
Teichen drang an mein Ohr. Nein, ich bewegte mich nicht
mehr zwischen Sand und Sternen, ich empfing nicht mehr
die kalte Botschaft der Wüste, und sogar diesen Geschmack
der Ewigkeit, den ich durch sie zu kosten geglaubt hatte –
nun entdeckte ich, wovon er herrührte: ich sah mein Haus
wieder.
Ich weiß nicht, was in mir vorgeht, diese Schwere kettet mich
an die Erde, während von so vielen Sternen eine magnetische
Kraft ausgeht, eine andere Schwere führt mich auf mich selber zurück: ich spüre mein Gewicht, das mich zu so vielen
Dingen zieht; meine Träume sind wirklicher als diese Dünen, als der Mond, als alles, was um mich ist … Oh, das
Wunder eines Hauses besteht nicht darin, daß es uns schützt
oder wärmt, und auch nicht im Besitz seiner Mauern: das
Wunder ist, daß es langsam einen Vorrat an Beglückung in
uns aufgespeichert hat; daß es tief im Herzen jenes dunkle
Gebirge bildet, aus dem wie Wasserquellen die Träume ent-
springen."[2]
Das Haus, das für Antoine einen „Vorrat an Beglückung" be-
deutete, war nicht in einem bestimmten Stil gebaut, aber es
war freundlich und geräumig.

Der Park mit seinen geheimnisvollen Fliederlauben und seinen großen Linden war das Paradies der Kinder. Dort zähmte Biche ihre Vögel und Antoine seine Turteltauben. Doch alle vereinigten sich zum „Ritt des Ritters Aclin", und die Alleen erlebten auch einen „Segelflug": er wurde ausgeführt mit einem Fahrrad, an dem ein hoher Mast mit einem Segel befestigt war. Nach wilder Fahrt erhob es sich in die Lüfte. Doch davon haben „die großen Leute" nie etwas erfahren ...

An Regentagen blieb man zu Hause.

Der Speicher mit seinen „Wundern" diente dann als Zuflucht. Biche besaß dort ein chinesisches Zimmer, das man nur betreten durfte, wenn man sich die Schuhe auszog. François lauschte der „Musik der Fliegen".

Und Mama erzählte Geschichten. Diese Geschichten wurden zu lebenden Bildern. Ein schrecklicher Ritter Blaubart sagte seiner Frau: „Hier, in dieser Truhe, verschließe ich meine erloschenen Sonnenuntergänge."

Hat sie der Kleine Prinz dort wiedergefunden ...?

Die Kinder hatten ein Zimmer im zweiten Stock. Die Fenster waren vergittert, um Dachexpeditionen zu verhindern. Dieses Zimmer wurde durch einen Fayenceofen geheizt.

Antoine schreibt darüber:

„Der ‚gütigste‘, der friedlichste, der freundlichste Gegenstand, den ich jemals gekannt habe, war der kleine Ofen im oberen Zimmer von Saint-Maurice. Nie hat mich etwas so sehr über das Dasein beruhigt. Wenn ich nachts einmal aufwachte, brummte er wie ein Kreisel und warf freundliche Schatten an die Wand. Ich weiß nicht, weshalb er mich an einen treuen Pudel erinnerte. Dieser kleine Ofen behütete uns vor allen Gefahren.

Zuweilen kamst Du herauf, öffnetest die Tür und fandest uns gut umhegt von einer wohligen Wärme. Du hörtest sein emsiges Brummen und gingst dann wieder hinunter ...

Mutter, Du neigtest Dich über uns, über diesen Aufbruch der

Engel, und damit die Reise friedlich sein sollte: damit nichts unsere Träume störte, entferntest Du dort eine Falte, dort einen Schatten, dort eine Woge aus dem Bettlaken.
Denn man glättet ein Bett, wie mit göttlicher Hand das Meer."
Allzu schnell kommt die Zeit, in der die Mütter nicht mehr die Falten entfernen und nicht mehr die Wogen glätten.
Die Jahre im Internat und im Gymnasium münden noch in die Ferienfreuden ein.
Der Militärdienst stellt für Antoine eine härtere Verbannung dar.
Zwischen diesem Militärdienst und seinem Eintritt in die Aéropostale ist er zuerst Gefangener eines Büros und dann Vertreter für Lastwagen bei der Firma Saurer, wo er zunächst eine Ausbildung als Fabrikarbeiter absolviert.

Daseinskampf
(Paris, 1924–1925)

Er schreibt seiner Mutter:
„Ich führe ein trauriges Dasein in einem düsteren, kleinen Hotel. Das ist nicht sehr amüsant ... Das Zimmer ist so trostlos, daß ich nicht den Mut aufbringe, meine Kragen von meinen Socken zu trennen."
Und später:
„Ich bin abgespannt, aber ich arbeite wie ein Gott. Meine Vorstellungen über Lastwagen im allgemeinen, die verschwommen waren, präzisieren und klären sich. Ich denke, ich bin bald in der Lage, Lastwagen ganz allein zu demolieren."
Vor allem präzisiert und klärt sich Antoines Pflichtbewußtsein; er stellt hohe Anforderungen an sich selbst: „Jeden Abend ziehe ich die Bilanz meines Tages: ob er als persönliche Erziehung unfruchtbar war, ob ich gegen die Menschen

häßlich gewesen bin, die ihn mir verdorben haben und denen ich vertrauen konnte ... Das innere Leben ist schwer in Worte zu fassen, es besteht da eine gewisse Scham. Es ist so anmaßend, davon zu reden. Doch Du kannst Dir nicht vorstellen, wie sehr das die einzige Sache ist, die für mich zählt; alle Werte werden dadurch verändert, sogar in den Urteilen über andere ... Ich bin eher hart gegen mich selber und habe doch wohl das Recht, bei den anderen abzulehnen, was ich bei mir selber ablehne oder korrigiere."

Kampf mit der Wüste
(Toulouse–Dakar, 1926)

Und nun tritt er in den Dienst einer Fluggesellschaft und wird dadurch zum Menschenführer, zum Dichter.
Im Oktober 1926 wird er bei Latécoère eingestellt und der Linie Toulouse–Dakar zugeteilt. Er schreibt seiner Mutter: „Du kannst Dir sagen, daß ich ein wunderbares Leben habe."
Und in „Wind, Sand und Sterne" heißt es:
„Es handelt sich nicht nur um die Fliegerei. Das Flugzeug ist kein Selbstzweck; es ist ein Mittel. Man setzt nicht für das Flugzeug sein Leben ein; der Bauer pflügt ja auch nicht des Pfluges wegen. Mit dem Flugzeug verläßt man die Stadt und ihre Buchhalter und findet zur ländlichen Wahrheit zurück; man leistet Menschenarbeit und lernt menschliche Sorgen kennen. Man kommt in Berührung mit dem Winde, mit den Sternen, mit der Nacht, mit dem Meeressande, man überlistet die Naturkräfte, man erwartet die Landung wie ein gelobtes Land und sucht die Wahrheit in den Sternen.
Ich bin glücklich in meinem Beruf; ich fühle mich als Landmann der Sterne. Doch ich habe ihn geatmet, den Wind vom Meer. Wer einmal von dieser Speise gekostet hat, kann sie nicht vergessen. Es geht nicht darum, gefährlich zu leben;

diese Formulierung ist anmaßend: ich liebe nicht die Gefahr, ich liebe das Leben. Ich muß leben; in den Städten gibt es kein menschliches Leben mehr."

Kampf gegen die Einsamkeit
(Cap Juby, 1927–1928)

Im Jahre 1927 wird Antoine zum Flugplatzkommandanten in Cap Juby ernannt:
„Meine kleine Mama, was für ein Mönchsleben führe ich doch! Im verlorensten Winkel von ganz Afrika, mitten in der afrikanischen Sahara. Ein Fort auf dem Strande, unsere Baracke daneben, und dann nichts mehr über Hunderte und Hunderte von Kilometern.

Die Sahara liebe ich sehr, und auch diese schönen Seen, die einen umgeben, wenn man landen muß, und in denen sich die Dünen spiegeln (was übrigens recht ärgerlich ist, wenn man Durst hat ...). Mir geht es ausgezeichnet, Du hat einen Sohn, der sehr glücklich ist und seinen Weg macht. Sobald die Flut kommt, umspült uns das Meer ganz und gar, und wenn ich nachts an meinem Fensterchen stehe – es hat Gitterstäbe wie im Gefängnis –, wir befinden uns ja in aufständischem Gebiet –, habe ich das Meer unter mir, genau so nah wie in einem Boot. Und es pocht die ganze Nacht an meine Wand. Auf der anderen Seite hat man die Wüste vor sich.

Die Entäußerung von allem Komfort ist radikal. Ein Bett, das aus einem Brett und einem dünnen Strohsack besteht, ein Waschbecken, ein Krug. Ich vergesse noch die Nippsachen: die Schreibmaschine und die Paperassen des Flugplatzes! Eine Mönchszelle.

Die Flugzeuge kommen alle acht Tage durch. Dazwischen liegen drei Ruhetage. Und wenn meine Flugzeuge starten, sind sie wie meine Küchlein. Und ich bin in Sorge, bis ich die funkentelegrafische Meldung erhalte, daß sie die nächste Etappe erreicht haben, – in tausend Kilometern Entfernung. Und ich bin darauf gerüstet, mich nach den Vermißten auf die Suche zu machen."

Buenos Aires
(1929–1931)

Nun beginnt das große Abenteuer. Es führt Antoine über die Anden hinweg, bis nach Patagonien. Er wird zum Direktor der Aéropostale Argentina ernannt. Er schreibt: „Ich denke, Du wirst zufrieden sein; ich bin etwas traurig. Meine frühere Existenz gefiel mir gut.
Ich habe das Gefühl, daß ich dadurch älter werde. Ich werde übrigens noch fliegen, aber um Inspektionen auszuführen und neue Linien zu erkunden."
Aus seinen Fliegererlebnissen in Afrika wie in Südamerika entstehen die Bücher: „Südkurier", „Nachtflug", „Wind, Sand und Sterne".
Antoine heiratet. In Buenos Aires lernte er Consuelo Suncin kennen, die Witwe des argentinischen Schriftstellers Gomez Carillo: ein exotisches und charmantes Geschöpf, dessen üppige Phantasie und Weigerung, jedwede Einteilung anzuerkennen – sogar wenn die geistige Arbeit das erfordert –, das gemeinsame Leben schwierig gestalten. Indessen hat Antoine sie geliebt, und seine Fürsorge umhegte sie bis zum Ende. „Der Kleine Prinz" und die Briefe aus Afrika bezeugen das auf eine rührende Weise.
Auch die Auflösung der Aéropostale im März 1931 legt ihm Hindernisse in den Weg.

Kampf mit der Ungerechtigkeit
(Marignane 1932)

Weil Antoine seine Freunde in der Aéropostale nicht im Stich läßt, wird er von der Air France, die das in Liquidation befindliche Unternehmen übernommen hat, unfreundlich behandelt.

Abermals ohne Stellung, von wirtschaftlichen Schwierigkeiten bedrängt, sieht er sich genötigt, wieder als einfacher Pilot Dienst zu tun.

Der Mann, dem die Mauren den Beinamen „Herr der Wüste" verliehen hatten und der fast unbekannte Gebiete dem Weltverkehr erschloß, wird nun auf der von Wasserflugzeugen beflogenen Strecke Marseille–Algier mit Basis in Marignane eingesetzt.

Der Kampf mit den Elementen ist hart, Antoine übersteht mit knapper Not die Stürme, aber dieser Kampf hat etwas Erhebendes.

Die wirkliche Heimsuchung besteht in der Verständnislosigkeit, der er bei manchen seiner Freunde begegnet: durch seine Bücher hat er ihnen ein unvergängliches Denkmal gesetzt, und unter Berufung auf diese Bücher behandeln sie ihn wie einen Dilettanten oder gar einen Verdächtigen.

Aus seinem Brief an Guillaumet spricht die Bitterkeit, die er darüber empfindet:

„Guillaumet, Deine Ankunft scheint bevorzustehn, und deshalb habe ich etwas Herzklopfen. Wenn Du wüßtest, welch schreckliches Leben ich seit Deiner Abreise führte und welch unendlicher Lebensüberdruß mir nach und nach beigebracht wurde! Da ich dieses unglückliche Buch geschrieben hatte, wurde ich zur Misere und zu einer Feindseligkeit verurteilt, die mir von meinen Kameraden entgegenschlug.

Mermoz wird Dir erzählen, in was für einen Ruf ich allmählich durch die Menschen geraten bin, die mich nicht mehr gesehen haben und die ich so gern hatte. Man wird Dir sagen, wie arrogant ich sei. Und es gibt keinen, von Toulouse bis Dakar, der daran zweifelt. Eine meiner größten Sorgen sei auch das Schuldenmachen gewesen, aber ich habe nicht einmal meine Gasrechnung immer bezahlen können und trage noch immer meine alten Anzüge, die ich vor drei Jahren anschaffte.

Allerdings erscheinst Du vielleicht in dem Augenblick, in dem der Wind sich dreht. Und ich werde vielleicht meine Gewissensbisse loswerden. Meine wiederholten Enttäuschungen, dieses ungerechte Gerede hielten mich vom Schreiben ab. Vielleicht warst auch Du der Meinung, ich hätte mich verändert. Und ich konnte mich nicht entschließen, mich vor dem einzigen Menschen zu rechtfertigen, den ich als einen Bruder betrachtete ...

Abgesehen von Etienne, den ich freilich seit Südamerika nie wiedersah und der, obwohl er mich nie wiedergesehen hatte, hier Freunden von mir erzählte, ich sei ein Poseur geworden. Dann ist einem das ganze Leben verleidet, wenn sich die besten Kameraden solch ein Bild von einem machen und wenn es zu einem Skandal geworden ist, daß ich Verkehrsflieger bin, nachdem ich das Verbrechen beging, den „Nachtflug" zu schreiben. Du weißt doch, ich war der letzte, der gern von sich reden machte. Geh nicht ins Hotel. Mach's Dir in meiner Wohnung bequem, sie steht zu Deiner Verfügung. Ich habe auf dem Lande zu tun, in vier oder fünf Tagen. Du bist dort wie zu Hause und hast auch Telefon, was sehr bequem ist. Aber vielleicht wirst Du ablehnen. Und vielleicht muß ich mir eingestehen, daß ich sogar den besten meiner Freunde verloren habe."

Kampf mit dem Durst
(Libysche Wüste, 1935–1936)

Als Antoine einen Flug von Paris nach Saigon unternimmt, sieht er dem Tod ins Auge; sein Flugzeug stürzt in der Libyschen Wüste ab. Lange Tage hören wir nichts von ihm. In der Frühe sammelt er den Tau auf den öligen Tragflächen seines Flugzeuges, um dem Durst ein Schnippchen zu schlagen. Er liegt in den letzten Zügen. Und doch schreibt er noch und „meditiert in der Nacht":

„Glaubt ihr denn, daß ich meinetwegen weine? Jedesmal, wenn ich die Augen wieder sehe, die auf mich warten, brennt es mir im Herzen. Auf einmal überkommt mich das Verlangen, aufzustehen und geradewegs loszustürzen. Dort drüben schreien sie ja um Hilfe, erleiden sie Schiffbruch … Ach, ich kann mich gut damit abfinden einzuschlafen, für eine Nacht oder für die Ewigkeit; wenn ich einschlafe, merke ich den Unterschied nicht, und wie friedlich ist es dann; aber die Schreie, die man dort ausstoßen wird, diese Feuersbrunst der Verzweiflung: solch eine Vorstellung kann ich nicht ertragen.

Vor diesem Schiffbruch kann ich nicht mit verschränkten Armen dastehn; jede Minute, die ich ruhig verharre, mordet ein wenig die Menschen, die mir die liebsten sind. Lebt wohl, ihr, die ich lieb hatte; vom Leiden abgesehen, bereue ich nichts; alles in allem habe ich das bessere Teil erwählt; kehrte ich zurück, würde ich wieder von neuem anfangen; ich muß leben. In den Städten gibt es kein menschliches Leben mehr."[3]

Nach einem dreitägigen Marsch durch die Wüste wird Antoine von Arabern gefunden, während man angenommen hatte, er sei im Persischen Golf abgestürzt. Abgezehrt, zerlumpt, stolz über den Todesmarsch, der hinter ihm liegt, erscheint er eines Abends im Grand Hotel in Kairo; von den englischen Kameraden der Royal Air Force wird er dort mit offenen Armen empfangen. Als er wieder ein zivilisiertes Aussehen gewonnen hat, schreibt er der Mutter:

„Ich habe geweint, als ich Deinen kleinen, so besonnenen Brief las, denn in der Wüste habe ich nach Dir gerufen. Ich war in großem Zorn entbrannt gegen die Trennung von allen Menschen, gegen dieses Schweigen, und ich rief nach meiner Mama.

Es ist schrecklich, wenn man jemanden zurückläßt, der einen braucht, wie Consuelo. Man sehnt sich gewaltig danach, heimzukommen, um zu behüten und Schutz zu gewähren, und man reißt sich die Nägel aus an diesem Sand, der einen hindert, seine Pflicht zu tun, und man möchte Berge versetzen. Dich aber brauchte ich: es war an Dir, mich zu behüten und mir Schutz zu gewähren, und ich rief nach Dir mit der Selbstsucht einer kleinen Ziege.

Ein wenig Consuelo zuliebe bin ich heimgekommen, aber durch Dich, Mama, kommt man heim. Die Du so schwach bist, wußtest Du Dich so sehr als Schutzengel und stark und weise, daß man zu Dir betet, allein, in der Nacht?"

Kampf mit den Menschen
(Krieg, 1939)

Es ist Krieg. Trotz aller Argumente Wohlmeinender, die ihn in Sicherheit wissen möchten, schreibt Antoine einem einflußreichen Freund:

„Man will mich zu einem Experten machen, nicht nur für Navigation, sondern auch für das Fliegen großer Bomber. Dann ersticke ich, bin unglücklich und kann nur stumm bleiben. Rette mich. Laß mich mit einer Jagdstaffel einrükken. Du weißt genau, daß mir der Krieg keinen Spaß macht, aber es ist mir unmöglich, in der Etappe zu bleiben und nicht an den Gefahren teilzuhaben ...

Es ist eine ganz ekelhafte intellektuelle Anmaßung, wenn

man vorgibt, man wolle die Menschen in Sicherheit bringen, die ,einen Wert haben'. Man spielt nur eine wesentliche Rolle, wenn man teilnimmt. Wenn ,die Menschen, die einen Wert haben', das Salz der Erde sind, so sollen sie sich mit Erde vermischen. Man kann nicht ,wir' sagen, wenn man sich absondert. Oder man ist ein Lump, wenn man ,wir' sagt!

Alles, was ich lieb habe, ist bedroht. Wenn in der Provence ein Wald brennt, so nimmt jeder, der kein Lump ist, Hacke und Schaufel zur Hand. Ich will aus Liebe und innerer Verpflichtung Krieg führen. Ich kann nicht abseits stehn. Laß mich so schnell wie möglich mit einer Jagdstaffel einrücken."

Er wird der Staffel 2/33 zugeteilt: 17 Besatzungen von 22 werden Opfer des „drôle de guerre".

Von einem Bauernhof in Orconte schreibt er der Mutter:

„Ich schreibe Dir auf meinen Knien, in Erwartung eines angekündigten Bombenangriffs, der nicht kommt, aber ich zittre für Dich, diese italienische Bedrohung bekümmert mich, weil sie Dich in Gefahr bringt; ich habe Deine Zärtlichkeit unendlich nötig, meine kleine Mama. Weshalb muß denn alles, was ich auf dieser Erde liebe, bedroht sein?

Mehr als der Krieg erschreckt mich die Welt von morgen. All diese zerstörten Dörfer, diese auseinandergerissenen Familien, der Tod: das ist mir gleich; aber ich möchte nicht, daß die geistige Gemeinschaft angetastet wird. Ich erzähle Dir nicht viel von meinem Leben, es gibt nicht viel zu berichten: gefährlicher Auftrag, Essen, Schlaf; ich bin schrecklich unbefriedigt, man braucht andere Übungen für das Herz. Die bestandene Gefahr genügt nicht, um in mir eine Art beschwerten Gewissens zu beruhigen.

Die Seele ist's, die heutzutage derart verlassen ist; man stirbt vor Durst."

Nach dem Waffenstillstand begibt er sich nach Amerika. Er ist unglücklich, aber steht auch in der Niederlage zu seinem Vaterland. Er schreibt im „Flug nach Arras": „Da ich ein Teil von ihnen bin, werde ich niemals die Meinen verleugnen, was sie auch tun mögen. Ich werde nie vor jemand anderem gegen sie predigen. Wenn ich ihre Verteidigung übernehmen kann, werde ich sie verteidigen. Wenn sie mich mit Schande bedecken, werde ich diese Schande in meinem Herzen verschließen und schweigen. Was ich auch über sie denken mag, ich werde nie als Belastungszeuge dienen ...

So werde ich mich mit einer Niederlage völlig solidarisch erklären, die mich oft erniedrigen wird. Ich gehöre zu Frankreich. Frankreich formte Leute wie Renoir, Pascal, Pasteur, Guillaumet, Hochedé. Es formte auch Unfähige, Politikaster wie Betrüger. Aber es scheint mir zu bequem, sich den einen zuzuzählen und jede Verwandtschaft mit anderen zu leugnen ... Wenn ich es auf mich nehme, mich durch meine Familie erniedrigen zu lassen, kann ich auf meine Familie einwirken. Sie ist ein Teil von mir, wie ich ein Teil von ihr bin. Wenn ich aber die Erniedrigung ablehne, wird meine Familie zerfallen, wie es gerade kommt, und ich werde stolz, aber leer wie ein Toter meinen einsamen Weg gehen."

Sein Buch „Flug nach Arras" (Pilote de Guerre) rehabilitiert Frankreich in den Augen der Amerikaner. Seine Artikel ermuntern sie zum Kriegseintritt. Er schreibt:

„Für unsere Niederlage seid ihr – die Amerikaner – verantwortlich. Wir waren vierzig Millionen Landleute gegen ein Industrievolk von achtzig Millionen. Ein Mann gegen zwei, eine mechanische Waffe gegen fünf. Wir waren bereit, uns im Verhältnis eins zu zwei mit ihnen zu messen, wir wollten sterben. Aber um unseren Tod wirksam zu machen, hätten wir von euch die vier Kanonen, die vier Flugzeuge erhalten müssen, die uns fehlten. Ihr beanspruchtet, vor der Bedrohung durch die Nazis von uns gerettet zu werden, aber ihr bautet ausschließlich Packards und Kühlschränke für eure Weekends. Das ist die einzige Ursache unserer Niederlage. Doch diese Niederlage wird gleichwohl die Welt retten. Unsere freiwillige Vernichtung wird der Ausgangspunkt für den Widerstand gegen den Nazismus sein. Der Baum des Widerstandes wird eines Tages aus unserem Opfer wachsen wie aus einem Samenkorn."[4]

Kampf mit dem Verzagen
(Algier, 1943)

Nach der Landung in Afrika, an der er mit amerikanischen Truppen teilnimmt, richtet Antoine einen Appell an seine Landsleute, der durch den Rundfunk verbreitet wird:
„Franzosen, versöhnen wir uns, um zu dienen, streiten wir uns nicht um Macht- oder Prioritätsfragen, es gibt genug Gewehre für jedermann! Unser wahrer Führer ist das Frankreich, das heute zum Schweigen verdammt wurde. Unser Haß gelte den Parteien, den Klüngeln, den Spaltungen aller Art!"
Der Polemik müde, verstärkt er seine Anstrengungen, um zu erreichen, daß er wieder zur Staffel 2/33 versetzt wird. Aber die Formalitäten sind langwierig, er ist traurig und einsam, wie ein Gebet aus der „Stadt in der Wüste" bezeugt:
„Gib mir den Frieden des Stalles, sprach ich zu Gott, den Frieden der geordneten Dinge, der eingebrachten Ernte. Laß mich sein, da ich mein Werden vollendet habe. Ich bin der Klagen meines Herzens müde. Ich bin zu alt, um all meine Zweige wieder zu beginnen. Nacheinander habe ich meine Freunde und meine Feinde verloren, und traurige Mußestunden werfen ihr Licht auf meinen Weg. Ich weilte in der Ferne, ich bin heimgekehrt, ich blickte um mich: da fand ich die

Menschen wieder, wie sie sich um das Goldene Kalb scharten! Sie nahmen nicht Anteil, sondern waren töricht. Und die Kinder, die heute geboren werden, sind mir fremder als junge Barbaren ohne Religion. Ich bin von nutzlosen Schätzen schwer, als erfüllte mich eine Musik, die niemals mehr verstanden werden wird.

Ich habe mein Werk im Walde mit der Axt des Holzfällers begonnen und war trunken vom Lobgesang der Bäume. So muß man sich in einen Turm einschließen, um gerecht sein zu können. Jetzt aber, da ich die Menschen aus zu großer Nähe sah, bin ich müde. Erscheine mir, Herr, denn alles ist schwer, wenn der Geschmack an Gott verlorengeht!"

Und einem Freunde schreibt er:

„Ich versuche zu arbeiten, aber das Herz ist schwer zu befriedigen; in diesem schrecklichen Afrika verwest einem das Herz, Afrika ist ein Grab; es wäre so einfach, in einer Lightning Einsätze zu fliegen."

Der letzte Kampf
(Borgo, 1944)

Doch am 4. Juni 1943 betritt Antoine das Gelände von Alghero in Sardinien mit einem Siegeslächeln. Er hat seinen Frieden wiedergefunden, einen gewissen Seelenfrieden, obwohl ihm die Hellsichtigkeit, mit der er die Zeitprobleme sieht, wenig Hoffnung für die Zukunft läßt. Er schreibt:

„Das ist mir ganz gleich, ob ich im Krieg falle. Was bleibt denn von dem, was ich liebe? Ebensosehr wie Menschen meine ich damit Bräuche, das unersetzliche Aufleuchten eines gewissen geistigen Lichts, ein Frühstück auf einem provençalischen Bauernhof unter Ölbäumen, aber auch die Musik Händels."

Die Piloten der Staffel wohnen zu dritt auf einer Stube; so sieht der äußere Rahmen seines Lebens aus. Von seinen schwermütigen Gedanken haben seine Kameraden nie etwas erfahren; er möchte ihren Frieden nicht stören. Doch einem Freund schreibt er:

„Ich führe Krieg so gründlich wie möglich, ich bin der älteste aller Piloten der Welt, ich bezahle freigebig, ich empfinde mich nicht als geizig.

Hier ist man weit entfernt von Haßatmosphäre, aber obwohl meine Staffel so freundlich ist, bin ich doch ein wenig unglücklich.

Ich habe niemanden, mit dem ich reden kann; wenn man jemanden hat, mit dem man lebt, ist das schon etwas, aber welch geistige Einsamkeit!" [5]

Am 31. Juli 1944 erscheint er in Fliegerausrüstung in der Messe: „Warum wolltet ihr mich nicht wecken; heute bin ich dran!" Er trinkt seinen heißen Kaffee und geht hinaus. Man hört das Dröhnen der Maschine, die sich in die Lüfte erhebt.

Er ist zu einem Aufklärungsflug über dem Mittelmeer und Südfrankreich gestartet. Das Radar begleitet ihn bis zur französischen Küste, dann tritt Stille ein.

Die Stille dauert an und wird Erwartung.

Das Radar bemüht sich, einen Ton zu erhaschen, der ein Lebenszeichen wäre. Wenn das Flugzeug und seine Bordlichter zu den Sternen aufsteigen, hört man vielleicht die Sterne singen.

Die Sekunden verrinnen, sie verrinnen wie Blut; dauert der Flug noch an?

Jede Sekunde läßt eine Chance schwinden, jede Sekunde nimmt etwas fort: die Stimme Antoines, das Lachen Antoines, sein Lächeln ... Die Stille gewinnt an Boden, eine immer drückendere Stille, die sich ausbreitet wie die Last eines Meeres.

Antoine war ein verwundertes und glückliches Kind.

Der Lebenskampf machte ihn zum Manne; durch den Fliegerberuf wurde er zum Helden und zum Dichter.

Doch mehr noch als durch sein Heldentum, sein Dichten, sein bezauberndes Wesen bleibt uns Antoine so nah durch seine unendliche Zärtlichkeit.

„Unterwegs ist der Stern nicht zu brauchen, man muß schenken, schenken, schenken."

Als kleines Kind machte er einen Umweg, um eine Schnecke nicht zu zertreten.

Er kletterte auf Tannenwipfel, um Turteltauben zu zähmen.

In der Wüste zähmt er Gazellen.

Er zähmt die Mauren.

Und noch jetzt, nach Jahren des Schweigens, zähmt er weiter die Menschen.

„Was bedeutet zähmen?" fragt der Kleine Prinz. Der Fuchs antwortet: „Es bedeutet, sich vertraut machen."

Im letzten Brief, den wir von Antoine besitzen, steht der Satz: „Wenn ich zurückkehre, wird eins meine Sorge sein: Was gilt es den Menschen zu sagen?"

Dieser Satz hat mich bestimmt, seine Botschaft weiterzugeben.

Briefe
an seine Mutter

Meine liebe Mama

Ich habe mir einen Füller gemacht. Ich schreib Dir damit. Er schreibt sehr gut. Morgen ist mein Geburtstag. Onkel Emmanuel[6] hat gesagt, er will mir eine Uhr zum Geburtstag schenken. Also könntest Du ihm vielleicht schreiben, daß morgen mein Geburtstag ist. Am Donnerstag ist eine Wallfahrt zu Notre Dame du Chène. Ich gehe mit dem Gymnasium.[7] Es ist sehr schlechtes Wetter. Es regnet die ganze Zeit. Mit allen Geschenken, die ich bekam, hab ich mir einen sehr hübschen Altar gebaut.

Lebwohl!

Liebste Mama, ich möchte Dich so gern wiedersehn.

Antoine

Morgen ist mein Geburtstag.

Le Mans, 1910

Meine liebe Mama

Ich möchte Dich gern wiedersehn.
Tante Anaïs[8] ist hier und bleibt einen Monat.
Heute war ich mit Pierrot bei einem Schüler von Sainte-Croix. Wir haben gevespert und haben uns sehr amüsiert. Heute früh hab ich in der Schule kommuniziert. Ich will Dir erzählen, was wir auf der Wallfahrt gemacht haben: Viertel vor acht mußten wir im Gymnasium sein. Wir haben uns aufgestellt, um zum Bahnhof zu gehn. Im Bahnhof sind wir in den Zug nach Sablé gestiegen. In Sablé sind wir in Wagen

33

gestiegen. Bis Notre Dame du Chêne saßen zweiundfünfzig Personen in jedem Wagen. Es waren nur Gymnasiasten, sie saßen obendrauf und darin; die Wagen waren sehr lang und wurden jeder von zwei Pferden gezogen. Unterwegs hatten wir viel Spaß. Es waren fünf Wagen, zwei Wagen für die Chorknaben und drei für die Gymnasiasten. Als wir in Notre Dame du Chêne ankamen, hörten wir die Messe, und hinterher aßen wir in Notre Dame du Chêne zu Mittag. Da ich nicht im Wagen fahren wollte, bat ich um Erlaubnis, mit den Schülern der zweiten und dritten Klasse zu Fuß gehn zu dürfen. Wir waren mehr als 200 in Reih und Glied, unser Zug nahm eine ganze Straße ein. Nach dem Mittagessen gingen wir zum Heiligen Grab und zum Laden der Patres und kauften uns was.

Als wir in Solesmes ankamen, marschierten wir weiter und kamen zu Fuß bis vor die Abtei; sie war riesig, nur konnten wir sie nicht ansehn, da die Zeit nicht reichte. Vor der Abtei fanden wir viel Marmor. Es gab große und kleine Stücke. Ich nahm davon sechs und verschenkte drei, und es gab ein Stück, das war etwa 1,50 m hoch und 2 m breit, da sagte man mir, ich sollte es doch in die Tasche stecken. Nur konnte ich es nicht mal bewegen, und es war zu groß. Hinterher haben wir auf der Wiese in Solesmes gevespert.

Ich hab Dir acht Seiten geschrieben.

Nachher sind wir zur Andacht gegangen und haben uns aufgestellt, um zum Bahnhof zu gehn. Als wir am Bahnhof waren, nahmen wir den Zug, um nach Le Mans heimzufahren, und um 8 Uhr waren wir zu Hause. Ich war Fünfter im Katechismus.

Lebwohl, meine liebe Mama. Ich umarme Dich von ganzem Herzen.

Antoine

Geliebte Mama

François hat eben Deinen Brief erhalten, in dem Du sagst, daß Du erst Anfang März kommst! Und wir freuten uns doch so, Dich Samstag zu sehn! Warum kommst Du denn später? Es hätte uns solch ein Vergnügen gemacht!

Du wirst unseren Brief Donnerstag, vielleicht Freitag erhalten; könntest Du uns nicht sofort telegrafieren, daß Du kommst, Du würdest dann Samstag früh mit dem Expreß abfahren und wärest am Abend in Freiburg, wir würden uns so darüber freuen! Es wäre uns solch eine Enttäuschung, wenn Du erst Anfang März kämst! Warum willst Du denn lieber später kommen? Wir hoffen so sehr, daß Du kommen wirst! Und selbst wenn Du nicht kommen solltest, was uns so leid täte, könntest Du uns dann telegrafieren, sobald Du unseren Brief erhalten hast, damit wir spätestens Freitagabend Deine Antwort erhalten und über unseren Sonntag verfügen können? Aber Du wirst ja bestimmt kommen wollen! Auf Wiedersehn, geliebte Mama, ich küsse Dich von ganzem Herzen und erwarte Dich ungeduldig.[10]

Dein ergebener Sohn

Antoine

Meine liebe Mama

Es ist herrliches Wetter. Nur gestern hat es geregnet, wie ich
es selten erlebte! Ich sah Madame de Bonnevie[11], durch die
ich erfuhr, woran es François fehlt, dem armen Jungen[12], und
die mir auch sagte, daß mit dem Bakkalaureat alles klappt,
was mich beruhigt hat. Doch es war unnötig, daß Du nach
Paris geschrieben hast, um festzustellen, ob meine Papiere abgegangen sind, das hatte ich schon getan; man mußte nur
Lyon von ihrem Eintreffen verständigen, was ich vergessen
hatte. Nun: Ende gut, alles gut ...
Gestern sind wir mit Charlot spazierengegangen. Wir waren
zu dritt und er (das ergibt $3 + 1 = 4$).
Unsere Exerzitien am Schluß des Schuljahres machen wir in
der Nähe von Luzern in der Pfingstwoche.

Auf Wiedersehn, liebste Mama, ich umarme Dich von ganzem Herzen.

Dein getreuer Sohn

Antoine

Paris, Gymnasium Saint-Louis, 1918[13]

Meine liebe Mama

Hier bin ich in Saint-Louis, wo ich mit fünf Stunden Verspätung eintraf. Ich habe rechten Katzenjammer, aber das wird
hoffentlich vorübergehn. Am Sonntag gehe ich aus, zu Madame Jordan, und abends esse ich bei den Sinettys. Ich würde
gern Tante Rose besuchen, aber weiß nicht ihre Adresse.
Könntest Du sie mir schicken?

Du hast Glück, daß Du im Süden bist, aber ich konnte hinkommen. Wieviel Verspätung hattest Du?

Das Wetter hier ist trüb und abscheulich, dazu eine Hundekälte ..., ich habe Frostbeulen an den Füßen und auch geistig, denn durch die Aussicht auf die Mathematikarbeit bin ich erstarrt, das heißt sie geht mir bis zum Halse, es macht viel Spaß, sich in Diskussionen über hyperbolische Paraboloide zu verhaspeln, sich in unendlichen Größen zu bewegen und sich stundenlang über die imaginären Zahlen den Kopf zu zerbrechen (sie heißen imaginär, weil sie nicht existieren, die wirklichen Zahlen sind nur Sonderfälle) und Differentiale zweiter Ordnung zu integrieren und zu ... und zu ... Hol's der Teufel! Dieser energische Ausruf entrümpelt mich ein bißchen und macht meinen Kopf klarer. Ich habe mit QQ, das heißt mit Pagès, gesprochen. Ich hab' ihm den Kuchen gegeben: Du schuldest ihm 405 Francs, aber er wird den Rest auf die Rechnung für das nächste Trimester setzen. Er sagt mir, für mich bestünde einige Hoffnung, was mich über die Mathematik tröstet. Mach Dir keine Sorgen, wenn ich etwas melancholisch bin, das geht vorüber! Zum Glück bist Du in einer hübschen Gegend! Mit der artigen Diche[14], dem Trost Deiner alten Tage.

Die Büchlein „Genre Madame Jordan"[15] haben hier Eingang gefunden und werden mit Staunen gelesen. Ich denke, sie werden eine sehr gute Wirkung tun. Ich werde sie morgen noch um weitere bitten. Es gibt hier noch was sehr Gutes zur Verbesserung der Moral, ein Theaterstück (ich glaube von Brieux) „Die Gescheiterten".

Ich verlasse Dich, geliebte Mama, da ich nichts mehr zu erzählen weiß, ich umarme Dich von ganzem Herzen und bitte Dich inständig, mir täglich zu schreiben, wie früher!

Dein getreuer Sohn, der Dich lieb hat,

Antoine

Paris, Gymnasium Saint-Louis, 1918

Geliebte Mama

Ich weihe mein Briefpapier für Dich ein ...
Wenn Du kommst, bring mir doch im Handgepäck, damit
ich ihn früher habe, meinen Atlas mit, den ich notwendig
brauche; ich werde Dir dafür von Herzen dankbar sein.
Tausend Dank für alles, was Du für mich tust; bitte, glaube
nicht, ich wäre undankbar, weil ich manchmal schlechter
Laune bin, Du weißt, wie lieb ich Dich habe, geliebte Mama.
Ich büffle Mathematik ... immer noch. Ich werde auch etwas
Deutsch treiben.

Auf Morgen!

Ich umarme Dich,
Dein getreuer Sohn

Antoine

Paris, Gymnasium Saint-Louis, 1918

Geliebte Mama

Es ist passiert, ich habe gefrühstückt bei der Duchesse de
Vendôme ... der Schwester des Königs von Belgien. Die Sache
machte mir riesigen Spaß: sie sind reizend. Monseigneur
sieht ungemein intelligent aus und ist sehr komisch. Ich habe
nicht einen einzigen Faux-Pas gemacht und bin keinmal stek-
kengeblieben. Tante Anaïs[16] war sehr zufrieden: könntest
Du mir den Brief schicken, falls sie Dir etwas darüber
schreibt?
Am meisten freut mich dabei, daß sie (die Duchesse de Vendôme) mir gesagt hat, sie würde mich eines Sonntags auffor-

dern, sie in die Comédie Française zu begleiten: Welch eine Ehre!

Abends hat mich Tante Anaïs P + Q Besuche machen lassen (soviel es Glieder in der „harmonischen Reihe" gibt, und das ist viel …!).

Ich assistierte bei einem ausgezeichneten Frühstück, einem ebenso ausgezeichneten Tee und … das ist beachtlich.

Um den Tag zu beschließen, machte ich bei S's einen Besuch. Ich bekam nur Monsieur und Madame zu sehen, die anderen waren nicht zu Hause.

Sie haben mich Sonntag in acht Tagen zum Mittagessen eingeladen. Ich werde mittags bei ihnen frühstücken und abends den Expreß besteigen, der mich nach La Môle bringt … [17]

Nur schicke mir schnell eine telegrafische Postanweisung, damit ich mein Billett und meinen Platz besorgen kann; ich habe dafür so wenig Zeit.

In Ambérieu wird es regnen; in La Môle ist die Sonne und Didi! [18] Und dann: dreizehn Tage, das lohnt sich.

Ich weiß nicht, ob ich Dir schon erzählte, daß ich letzten Sonntag Onkel Dubern [19] besucht habe. Am Nachmittag gingen die Jordans mit mir ins Theater; wir sahen Petite Reine (Kleine Königin), ein Stück, zu dem ganz Paris hinläuft. Es ist fantastisch.

Ich verlasse Dich und umarme Dich von ganzem Herzen, so wie ich Dich lieb habe, geliebte Mama.

Dein getreuer Sohn

Antoine

Meine liebe Mama

Ich habe nur eben Zeit, Dir ein Wort zu sagen. Schreib mir täglich, das würde mich so freuen! Laß mir durch Monot [20] mein Album mit allen Fotografien schicken.

Es liegt in Monots Zimmer, wo ich es vergessen habe. (Mein Album, nicht mein Ordner.)

Wir haben uns doch entschlossen, während der Pause zu spielen, und haben eben die taupins (Polytechniker) [21] haushoch im Barlauf geschlagen: 9 zu 0. Ausnahmsweise ließen wir uns herab, uns mit ihnen zu messen, um ihnen unseren Wert zu beweisen. Hingegen hat keiner von uns – weder wir noch die taupins – einen piston (Centrale) [22] in eins der Lager aufgenommen (ein paar Burschen wurden gebraucht, um in einem Lager Löcher zuzuschütten), ja, dieser Gedanke wurde mit Abscheu zurückgewiesen, denn die pistons werden (selbstverständlich) von den flottards [23] und den taupins gehaßt; genauso wie diese bei den pistons und den flottards und die flottards bei den taupins und den pistons verhaßt sind usw. ...

Sich mit den taupins zu schlagen, das ging ja noch an, nicht aber, einen Feind im eigenen Lager zu haben.

Die farblosesten sind die Cyrards [24], von denen man nie etwas hört. Wir haben am meisten Korpsgeist, dann die taupins und die pistons, jeder auf seine Weise.

Ich habe hier einen Knaben von Saint-Jean namens Berg wiedergesehen, der mich heute im Sprechzimmer aufsuchte; sonderbare Begegnung. Mir geht es sehr gut. Sonntag habe ich kommuniziert.

Monsieur Pagès hat uns einen kleinen speech gehalten und uns gesagt: „Wer sich zu schwach im Magen fühlt, um die kleinen mathematischen Schnitte zu verdauen, die Monsieur Corot und ich euch servieren werden, soll lieber jetzt abgehen. Wenn ihr Mathematik gern habt, kommt ihr bestimmt durch, das schwöre ich euch!" Wir arbeiten sehr eifrig: ich komme immer mit und bin sehr stolz darüber. Es wird schon klappen, mach Dir keine Sorgen.

Ich umarme Dich zärtlich,
Dein Sohn, der Dich liebt,

Antoine

Die pistons sind unsere Todfeinde. Im übrigen verachten wir sie, denn die Ingenieurlaufbahn ist etwas Verächtliches und „Unseemännisches" (für Monot).
PS. Laß Trüffeln in Schokolade für mich machen, schicke mir etwas Derartiges; das wird der Landschaft meines Magens guttun.
(Ich mag die Fleischpasteten von Mutter Bossue nicht, unnötig, daß sich diese erlauchte Person damit abgibt: ich liebe das echte Backwerk, die Makronen, die Trüffel in Schokolade (nicht als Pralinen!!!) und die Bonbons.)
So weißt Du gut Bescheid.
Antoine denkt und die Familie lenkt.
(Bitte lenke schnell und versorge mich mit Bonbons).

Paris, Gymnasium Saint-Louis, 1918

Mama, die ich lieb habe

Ich bin noch immer in Klausur. Ich büffele immer noch wie ein Neger. Heute früh Aufsatz. Schreib mir täglich, das macht mir solche Freude und verbindet einen so sehr. Ich habe den Kaplan gesehen. Er kannte Papa in Sainte-Croix, wo er mit ihm in der Klasse war. Es ist sehr schönes Wetter, ßerdem wird bei uns jetzt geheizt. Ich habe jetzt alles, außer Briefmarken. Schick mir doch bitte zwei Heftchen.

Ich verlasse Dich, Mama, und habe Dich lieb. Und umarme Dich sehr.

Dein getreuer Sohn

Antoine

Paris, Gymnasium Saint-Louis, 1918

Geliebte Mama

Eben kam es in unserer Klasse zu einer Regierungskrise: Das Ministerium hat demissioniert. Die Regierung setzt sich zusammen aus:

    A) dem Zet (Präsidenten), genannt Z
    B) dem V. Z. (Vizepräsidenten)
    C) dem P. F. S. (Präfekten für gute Sitten)
    D) dem K. s. oder Kassierer

Nachdem nun aber der Präsident (des Ministeriums, des sogenannten Büros) über ein Vertrauensvotum abstimmen ließ, mit dem er sein durch eine innere Krise erschüttertes Ansehen zu stützen hoffte, kam es dazu, daß dieses Vertrauensvotum im Gegenteil zu einem Mißtrauensvotum wurde, worauf das Ministerium demissionierte. In einer feierlichen Sitzung, die in einer leeren Klasse stattfand und anderthalb Stunden dauerte, unter langen und höchst ernsthaften Debatten, wurde schließlich das folgende Ministerium gebildet:

    Präsident oder Z Dupuy,
    V. Z. Sourdelles,
    P. F. S. de Saint-Exupéry.

Was den K. S. angeht, so konnte man keinen finden, denn er demissionierte sofort wieder infolge recht komplizierter In

trigen und Gegenintrigen (es ist genau wie in der Kammer); nachdem wir einen Tag in den Wandelgängen, wo es äußerst belebt zuging, mit Verhandlungen verbracht hatten, bildeten wir schließlich die Regierung unter Ausschluß des Postens eines K. S. als Regierungsmitglied; statt dessen machten wir aus ihm ein ständiges Amt, das von den Ministerien unabhängig ist. Wir erreichten, daß unser Projekt gebilligt wurde, und nach einigen Obstruktionsversuchen: mißglückten Mißtrauensvoten, hat unsere Regierung schließlich eine solide Grundlage. Vorher war ich Polizeigeneral, aber der gehört nicht zur Regierung, sondern ist ein Beamter wie mehrere andere. (Der U. v. D., der Bizut-Torche[25], der KM, das heißt der „Kapellmeister", der mit der Organisation der Radauszenen betraut ist usw ...) Und die Beamten werden von uns ernannt und sind absetzbar. Aber jetzt gehöre ich zum „Büro", und wir werden nun in der „Hypoflotte" eine eiserne Disziplin aufrechterhalten, denn die Klasse schuldet der Regierung unbedingten Gehorsam. Am meisten lockt mich dabei, daß ich versuchen werde, einige Stücke des Klassenarchivs zu entwenden, um sie Dir zu zeigen: das lohnt sich, sie sind nämlich unerreichbar für die gewöhnlichen Sterblichen.
Sonst nichts Neues. Ich treffe Dich in Ambérieu, aber dann fahren wir doch sofort an die Riviera, nicht wahr? Ich habe eine Prüfung in Physik hinter mir und bekam dabei eine 14, das ist nicht so übel. Ich verlasse Dich, denn ich habe keine Minute Zeit mehr, und umarme Dich von ganzem Herzen.

Dein getreuer Sohn

Antoine

Meine liebe Mama

Dank für Deinen Brief.

Ich habe eben einen reizenden Tag verbracht: ich frühstückte bei Onkel Maurice [26], nachher holte ich Tante Anaïs ab, die eben angekommen ist und sich mit mir verabredet hatte, und wir waren dann zusammen im Bois de Boulogne. Jetzt bin ich wieder in Saint-Louis, etwas müde, denn ich habe so gut wie gar nicht die Metro benutzt, da ich lieber zu Fuß ging. (Ich bin bestimmt 15 km gelaufen.)

Marie-Thérèse [27] heiratet am Donnerstag: hoffentlich kann ich mich dafür freimachen. Odette de Sinetty schrieb mir zwei sehr nette Briefe. Ich weiß nicht, wann sie zurückkommen, aber ich würde Odette gern wiedersehn. Wie geht's Dir? Rackere Dich nicht zu sehr ab, geliebte Mama; weißt Du, wenn ich im August bestanden habe, bin ich ja im Februar Offizier und werde entweder der Station in Cherbourg, in Dünkirchen oder in Toulon zugeteilt; dann werde ich ein Häuschen mieten, und darin können wir beide wohnen: ich bin drei Tage auf dem Lande und vier Tage auf dem Meer, und während der drei Landtage sind wir dann zusammen: es wird das erste Mal sein, daß ich allein im Leben stehe, und da brauche ich schon meine Mama, damit sie mich etwas behütet, am Anfang! Wir werden sehr glücklich sein, das wirst Du sehn! Vier oder fünf Monate wird das dauern, bevor ich richtig Abschied nehme, und dann wirst Du zufrieden sein, daß Du Deinen Sohn eine Weile bei Dir hattest. Es ist dichter Nebel, schlimmer als in Lyon, ich hätte das nie erwartet.

Könntest Du mir folgende Sachen schicken (man braucht keine Kaufgenehmigung wie in Freiburg). 1. Einen steifen Hut (oder schicke lieber was an Madame Jordan, damit sie mir einen kauft).

Außerdem noch 1. Zahnpasta „Boto"; 2. Schuhsenkel (kaufe

sie in Lyon und nicht in Ambérieu, wo sie kaputt gehn);
3. Briefmarken, freilich habe ich noch 12 (das ist nicht so eilig); 4. eine Matrosenmütze.

Aber da ich nächsten Donnerstag zum ersten und einzigen
Male Ausgang habe, ist das der Tag, an dem ich von Melone
und Mütze profitieren kann (ich brauche einen Hut, um
Sonntag mit Yvonne[28] auszugehn). Schreibe also doch heute,
Montag, ein Wort an Madame Jordan mit dem Geld, so daß
es vor Donnerstag eintrifft und sie mir an diesem Tag die
dringend benötigte Melone und die Mütze kaufen kann, die
ich ebenfalls dringend für die militärische Vorbereitung
brauche.

Ich habe wenig anderes zu erzählen. Morgen bekommen wir
den ersten französischen Aufsatz zurück. Ich schreibe Dir
dann meine Note.

Auf Wiedersehn, geliebte Mama, ich umarme Dich von ganzem Herzen, schreibe mir.

Dein Sohn, der Dich lieb hat,

Antoine

Paris, 1918

Meine liebe Mama

Du hattest mir versprochen, täglich zu schreiben! Und seit
langem habe ich nichts mehr gehört ... Heute ist Donnerstag, in drei Tagen, am Sonntag, frühstücke ich bei Madame
de Menthon, die mich eingeladen hat; ich hatte sie besucht
und meine Karte hinterlassen, da ich niemanden antraf,
welch ein Glück.

Das Wetter ist traurig und mißglückt. Die Abende sind jetzt
düster, ganz Paris ist blau angemalt ... Die Trams fahren mit
blauem Licht, im Gymnasium Saint-Louis ist die Beleuch-

tung auf den Fluren blau, das ist ein seltsamer Anblick ...
und ich glaube nicht, daß es die Deutschen sehr stören wird.
Oder doch! Wenn man jetzt Paris von einem hochgelegenen
Fenster betrachtet, sieht es aus wie ein großer Tintenfleck:
nicht ein Widerschein, nicht ein Lichthof; erstaunlich, welch
ein Grad an Verdunklung dadurch erreicht ist! Jeder wird bestraft, wenn ein beleuchtetes Fenster auf der Straße zu sehen
ist. Man braucht riesige Vorhänge!
Ich habe gerade etwas in der Bibel gelesen: wie wunderbar ist
das, welche Schlichtheit, welch ein machtvoller Stil, und zuweilen auch welch eine Poesie! Die Gebote, die gut 25 Seiten
einnehmen, sind Meisterwerke der Gesetzgebung und des ge-
sunden Menschenverstands. Überall leuchtet das Sittenge-
setz hervor in seiner Zweckmäßigkeit und Schönheit: es ist
großartig.
Hast Du die „Sprüche Salomos" gelesen? und das „Hohe
Lied", wie schön ist das! Alles findet sich in diesem Buche, sogar ein Pessimismus, der weit tiefer und wahrer ist als bei Autoren, die diese Manier angenommen haben, weil sie das für
schick halten. Hast Du den Ekklesiastes gelesen?
Ich verlasse Dich jetzt. Physisch, moralisch und mathema-
tisch gesprochen, geht es mir gut.

Ich umarme Dich sehr herzlich,
Dein Sohn, der Dich lieb hat,

Antoine

Meine liebe Mama

Es geht mir gut, ich habe gestern einen Brief von Dir erhalten.

Es geht uns hier nicht so schlecht, obwohl uns das Gymnasium Saint-Louis zu unserer Begleitung seine unleidlichsten Aufpasser beigegeben hat.

Auch einen Park gibt es, aber es ist verboten, ihn zu betreten. Glücklicherweise sind die Höfe riesig, mit Bäumen bepflanzt usw.

Monsieur Corot [30] ist wirklich ganz fantastisch. Ich habe Hoffnung. Glaubst Du, daß ich bestehen werde?

Madame Jordan hat mich Samstagabend eingeladen, und ich kann auch bei ihr schlafen. Das ist für mich sehr angenehm. (Meine Schrift ist scheußlich: ich bin sehr in Eile.)

Ich bin nicht allzu melancholisch, freilich mehr als in Paris, wegen der Isolierung, der wir in diesem riesigen Gebäude ausgesetzt sind.

Es besteht, glaube ich, die Möglichkeit, ein Zimmer zu bekommen. Schreib doch auf alle Fälle in Deinem nächsten Brief: „Bitte, man möchte Dir ein Zimmer geben; ich bin damit einverstanden!" Ich werde dann gegebenenfalls Deinen Brief verwenden, denn es ist besser, man hat einen Brief in Reserve, damit ich an dem Tage, an dem sie uns eins anbieten, bestimmt eins bekomme, obwohl die Zahl beschränkt ist, weil ich mich mit als erster gemeldet habe. Dieser Tag steht übrigens nahe bevor.

Es ist trübes Wetter und keineswegs warm. Im übrigen habe ich, glaube ich, an Kleidern und Wäsche alles, was ich brauche. Ich muß bloß eine neue Krawatte haben, und die werde ich mir Sonntag kaufen.

Wie geht's Dir? Hoffentlich ist es in Deinem Lazarett nicht zu anstrengend. Hast Du Bilder? Schicke sie mir doch und, wenn's geht, auch das Porto. Ich war bei Schaefer[31], der mir einen zu dunklen, aber nicht üblen Abzug zeigte (sie werden noch hellere machen), Samstag gehe ich wieder hin.

Tante Rose[32] ist weiterhin reizend, und das Reizendste an ihr, wenn man einmal von den geistigen Qualitäten absieht, sind ihre Tees, am Sonntag trinke ich bei ihr Tee, und ich schwöre Dir, daß ich dann Butter im Bauch habe, die für die ganze Woche reicht ... sie ist köstlich frisch und schmilzt auf der Zunge.

N. B. Paris ist im Grunde eine weniger verderbliche Stadt als die Kaffs in der Provinz; ich stelle nämlich fest, daß einige meiner Kameraden, die in ihrer Provinzstadt ein tolles Lotterleben führten, sich hier vorsichtig verhalten, wegen der Gefahren, die der Gesundheit drohen, wenn man in Paris verlottert. Mir selber geht es, in moralischer Hinsicht, sehr gut, und ich glaube, ich werde immer Dein gleicher Tonio bleiben, der Dich so lieb hat,

Antoine

Über das leibliche Wohl Deines Sohnes ist zu berichten, daß er gut ißt, gut schläft und gut arbeitet.

Paris, 1918

Meine liebe Mama

Ich hoffe, es geht Dir gut, ich hätte so gern einen Brief von Dir. Wenn Du wüßtest, wie Du mir fehlst: Kommst Du mich besuchen?

Ich glaube, daß ich morgen, Sonntag, kein Ausgehverbot mehr habe. (Nur vier unter zwanzig dürfen von uns in die Stadt.) Diese Woche wurden 208 Arreststunden verteilt!

Heute abend ist schönes Wetter, und so kann man mit Sicherheit deutsche Flieger und Nachtalarm voraussehen. Ich möchte, Du wärest hier, um einmal das Sperrfeuer zu hören. Man hat den Eindruck, mitten in einem Orkan zu sein, in einem Meeressturm, es ist prächtig. Nur darf man nicht aus dem Haus gehn, denn überall fallen Splitter, die einen zerfetzen würden. Wir haben im Park welche gefunden.
Für Monot folgendes:
Schick sie Freitag abend. Dann kommt sie Samstag früh an, und Samstag abend habe ich Ausgang. Ich werde sie bei Madame Jordan abholen. Wir essen dann zusammen zu Abend, gehen danach ins Theater, und am nächsten Morgen, Sonntag, fahren wir zusammen nach Le Mans.
Wegen ihrer Übernachtung Samstagabend kann ich mit Tante Rose sprechen; es findet sich gewiß eine Möglichkeit. Antworte nur bitte so schnell wie möglich, damit ich Theaterbilletts nehmen kann für nicht zu teure Plätze. Könntest Du mir infolgedessen den folgenden Brief schreiben (Tante Rose bittet mich inständig, nach Le Mans zu kommen): „Frage Herrn Corot, ob er Dir nicht erlauben könnte, nach Le Mans zur Hochzeit Deiner Kusine zu fahren; es wäre mir lieb, wenn Du Deine Schwester begleiten könntest."
Man scheint zu befürchten, daß die Deutschen dieser Tage Paris einnehmen könnten; es ist davon in allen Zeitungen die Rede. Wenn sie jemals kommen sollten, würde ich mich zu Fuß davonmachen (ein Versuch, mit dem Zug zu fahren, wäre sinnlos), aber es ist recht unwahrscheinlich.
Unser Leben in Lakanal ist nicht allzu langweilig. Wir haben jetzt ...

Der Schluß des Briefes ist verlorengegangen.

Meine liebe Mama

Ich habe gestern Deinen postlagernden Brief erhalten. Schreib mir in die Kaserne, bis ich sicher bin, daß ich täglich ausgehen kann, und dann schreib mir bitte an meine Stadtadresse.

Straßburg ist eine köstliche Stadt. Mit allen Merkmalen der Großstadt; es ist weit mehr Großstadt als Lyon. Ich fand ein großartiges Zimmer. Badezimmer und Telefon der Wohnung stehen zu meiner Verfügung. Sie gehört einem Ehepaar, das in der elegantesten Straße Straßburgs haust: braven Leuten, die nicht ein einziges Wort französisch können. Das Zimmer ist luxuriös, mit Zentralheizung, warmem Wasser, zwei elektrischen Lampen, zwei Schränken und Lift im Hause, alles für 120 Francs monatlich.

Ich besuchte Major Féligonde, der reizend war. Er wird sich um meine Pilotenbewerbung kümmern. Es ist schwierig wegen zahlloser einschränkender Verfügungen. Jedenfalls nichts vor zwei Monaten. Ich schreibe Dir aus der Kaserne (in der Kantine). Seit heute morgen irren wir von Magazin zu Magazin, um Kochgeschirre und Stiefel zu fassen, wobei uns ein gutmütiger und pausbäckiger Soldat betreut.

Auf dem Flugplatz ist viel los. Jagdflugzeuge vom Typ Spad und Nieuport überbieten sich in akrobatischen Kunststükken.

Ich sah Kieffer, den ich, sobald die ersten acht oder vierzehn Tage vorüber sind, um Auskunft hinsichtlich der Architekturschüler bitten werde.

Der Flugplatz ist ein gutes Stück Wegs von Straßburg entfernt. Wenn ich noch Zeit zum Arbeiten behalten will, werde ich eigentlich ohne ein Motorrad nicht auskommen können. Du hörst darüber noch von mir. Sobald ich es habe, werde ich mir das Elsaß näher ansehen.

Fuhr in der Eisenbahn an Mülhausen, Altkirch, Kolmar vorbei, sah den Hartmannsweilerkopf von weitem. Auf seinem Gipfel sind die Gräber von 64 000 Gefallenen.

Unterhaltung in Straßburg: die Aufführungen der Oper sind offenbar ausgezeichnet, wie mir Major Féligonde sagte.

Mein Eindruck vom militärischen Beruf besteht darin, daß es streng genommen gar nichts zu tun gibt – wenigstens in der Fliegerei. Man lernt grüßen, spielt Fußball und langweilt sich dann stundenlang mit den Händen in der Hosentasche und der erloschenen Zigarette im Mund.

Nicht unsympathische Kameraden. Außerdem habe ich meine Taschen mit Büchern vollgestopft, so daß es nicht an Zerstreuung fehlt, wenn ich mich zu sehr langweile. Könnte ich nur schnell Pilot werden, dann wäre ich restlos glücklich.

Ich weiß nicht, wann man uns einkleiden wird. Es sind noch keine Uniformen für uns da. Wir irren in Zivil herum und sehen idiotisch aus. In den nächsten zwei Stunden gibt es nichts zu tun. Nach zwei Stunden ebenfalls nicht, falls wir nicht die Dinge auf dem Platz A zum Platz B und die Dinge auf dem Platz B zum Platz A bringen müssen, um sodann wieder den umgekehrten Austausch vorzunehmen; so hat man dann die Möglichkeit, wieder in der Ausgangsposition anzufangen.

Auf Wiedersehn, geliebte Mama. Ich bin im Grunde ziemlich zufrieden. Ich umarme Dich, so wie ich Dich lieb hab.

Dein getreuer Sohn

Antoine

Meine liebe Mama

Nichts Neues. Offenbar gibt es abwechslungsreichere Tätigkeiten als das Kasernenleben. Nach und nach wird man melancholisch. Etwa in einem Monat werde ich wissen, ob ich fliegen darf oder nicht. Ich habe meinen Antrag gestellt usw...

Ich brauchte lange, um mich von dieser gemeinen Spritze zu erholen, die mich krank gemacht hat wie ein Stück Vieh.

Im Augenblick bin ich in meinem Zimmer, wo ich gerade gebadet habe. Das ist die einzige Ruhepause, und die ist so kurz, da einem die Fahrerei die ganze Zeit auffrißt.

Schreib mir oft. Wenn Du wüßtest, was Briefe für eine Erholung sind! Wenn ich doch täglich einen Brief aus Saint-Maurice[34] haben könnte! Löst Euch ab!

Ich konnte nicht nach Paris fahren. Ich sollte dort Bücher besorgen, aber man beschafft sie auf andere Weise. Schade drum.

Deine Postanweisung ist noch nicht eingetroffen. Ist sie fehlgelaufen oder noch nicht abgegangen? Du hast sie mir letzten Mittwoch, vor vier Tagen, angekündigt. Ich habe keinen Sou mehr.

Ich bin sehr unglücklich, denn ich sitze ohne Streichhölzer vor meinem Spirituskocher und kann mir keinen Tee kochen.

Man sucht Freiwillige für Marokko. Nach einem Monat oder nach drei Wochen werden die Bewerbungen angenommen. Wenn ich nicht fliegen sollte, bewerbe ich mich. Wenigstens bin ich dann mit Sabran[35] zusammen.

Obwohl ich nur wenig Zeit habe, bereite ich mich für den nächsten Kursus vor, der am 26. beginnt. Noch zehn Minuten, dann muß ich aufbrechen. Man darf nicht zu spät kommen. Sonst gibt es Arrest.

Pfingsten hoffe ich einen Urlaub von 48 Stunden für Paris zu bekommen. Ich sage Paris, da ich nach Saint-Maurice schon für die Hin- und Rückfahrt mindestens dreißig Stunden brauche. Ich glaube, ich werde nach Paris fliegen können. Zweieinhalb Stunden. Wirst Du Dich dann gerade Biche widmen?

Fahrt Ihr vielleicht nach Paris?

Ich muß Dich verlassen und umarme Dich, so, wie ich Dich lieb habe.

Dein getreuer Sohn

Antoine

Schickt mir Didi ein Paket? (Auch mit einem Kuchen drin ...?) Vergiß nicht das Geld noch heute früh! (Nach der Kaserne; Postanweisung).

Straßburg, 1921

Meine liebe Didi

Ich danke Dir sehr für Deinen Brief, der mich sehr erfreute; vor allem war es mir lieb zu hören, daß es Deinem Hund gut geht, von dem ich heute nacht geträumt habe. Von jetzt ab schreib mir per Adr. Herrn Mayer, 12, Rue du 22 Novembre, Strasbourg (Bas-Rhin). Es ist halb sieben Uhr früh. Hast Du's schon oft erlebt, daß ich zu einer so frühen Stunde Briefe schrieb? Man steht um sechs Uhr auf, dann hat man frei bis um sieben, exerziert bis elf, ißt zu Mittag, dann Freizeit bis halb zwei. Exerzieren bis um fünf, Freizeit bis neun.

Das Exerzieren ist anstrengend: Laufschritt, Wendungen usw. in glühender Sonne. Manchmal hat man seinen Spaß: „Wer die Übung schon kann, vortreten! Na wird's bald...

hopp hopp! He, da hinten, zwei Tage Arrest!" Fünf Minuten später: „Wer singen kann, vortreten ...! Schön, könnt ihr die Madelon singen? Singt sie euren Kameraden vor ... Lauter! Himmelkreuz ... Zwei Tage Arrest für Sie, können Sie nicht lauter singen?"

„Na schön, jetzt kann's losgehn. Beim Kommando ‚vier' singen alle mit. Himmelkreuzdonnerwetter! Sind Sie wohl still hinten?"

„Rechts um, links um! Vorwärts marsch! Eins zwei, eins zwei! Alle singen! Eins zwei drei vier ...!" Und so beginnt die Madelon, offenbar in zweihundert verschiedenen Tonlagen, da der Ton nicht angegeben wurde ...

Wir müssen auch stundenlang auf allen vieren kriechen und ähnliche Scherze ...

Kurzum, nichts ist blöder als der Schulbetrieb, im Gegenteil. Verd.! Die Sirene ...! Auf Wiedersehn! Wir müssen antreten ...

Ich umarme Dich

Antoine

Bitte wenden!

Allgemeine Panik! Um eins tutete die Sirene; zweitausend Soldaten kamen herbeigelaufen, als sie's hörten; im Schuppen des Hufschmieds brannte ein Strohwisch. Zweitausend Soldaten spuckten darauf, und so wurde das Feuer gelöscht, und zweitausend Soldaten weniger zwei – darunter ich – gingen wieder fort.

Ich kann mich kaum auf den Beinen halten vor Müdigkeit: nicht wegen des Feuerlöschens, aber wegen des verfluchten Exerzierens! Nicht allzuviel Ärger. Als Zerstreuung Flug-

zeuge, die mit einem metallischen Laut auf dem Boden zer-
schellen, und brüllende Feldwebel.

Hör zu: unser Hauptmann ist ein Hauptmann de Billy (ich
weiß nicht, ob er sich so schreibt). Wenn Du eine Familie seines Namens in Lyon kennst, so erkundige Dich doch, ob sie
einen Verwandten haben, der im zweiten Fliegerregiment in
Straßburg Offizier ist, und verschaffe mir eine Empfehlung!
Schreib mir dann, wie es damit steht.

Mein Stadtzimmer ist sehr anständig. Ich bade jeden Abend,
wenn ich von der Kaserne heimkomme, und koche mir dann
eine Tasse Tee vor dem Schlafengehen. Der Hauptmann ließ
mich heute früh rufen, wegen meiner Bewerbung als Flugschüler. Ich hoffe, daß es klappen wird. Falls ja, werde ich in
vier oder fünf Monaten über Saint-Maurice-de-Rémens trudeln können.

Wenn Du was Nettes tun willst, so schicke mir doch von Zeit
zu Zeit Pakete und andere Sachen an meine Stadtadresse. Es
freut einen immer, wenn man sowas empfängt.

Gestern war ein Sturm, wie ich's selten erlebt habe, aber es
wurde trotzdem geflogen. Offenbar muß man seine Maschine ganz gewaltig in der Hand haben.

Letzte Meldung.

Stell Dir vor, ich bin Lehrer geworden ... In einem Klassenzimmer mit schwarzer Tafel werde ich einem Haufen Schüler
über Aerodynamik und den Explosionsmotor Unterricht geben. Danach (in ein oder zwei Monaten) werde ich ganz bestimmt Flugschüler.

Ich umarme Dich, wie ich die lieb habe,

Dein Dich liebender Bruder

Antoine

Meine liebe Mama

Stell Dir vor, ich bin jetzt ... Lehrer, bevor ich als Flugschüler angenommen werde. Vom 26. Mai ab soll ich über den Explosionsmotor und Aerodynamik einen theoretischen Kursus abhalten. Ich werde ein Klassenzimmer haben, eine schwarze Tafel und eine Masse Schüler. Danach werde ich ganz bestimmt Flugschüler.

Im Augenblick – entgegen trügerischen, von anderer Seite vertretenen Ansichten – finde ich das Regiment ganz reizend.

Vor allem treiben wir jetzt nur Sport. Das Regiment ist eigentlich eine große Fußballschule. Man befaßt sich auch mit Spielchen wie in der Schule (Völkerball, Bockspringen), nur mit dem Unterschied, daß diese Übungen befohlen sind, und daß man, wenn man schlecht spielt, auf dem feuchten Stroh der Arrestzelle übernachtet ... Andere Ähnlichkeit mit dem Gymnasium: „Soundso, Sie schreiben hundertmal ab: Beim Antreten geht man links vom Kompaniechef vorüber!"

Heute abend: Impfung gegen Typhus.

Ich habe sympathische Stubenkameraden. Große Kissenschlachten. Ich genieße ihre Sympathie, was viel bedeutet, und teile mehr Stöße mit den Schlafrollen aus, als ich selber empfange.

Ich komme nochmals auf mein Lehreramt zurück ... Immerhin ist es komisch! Siehst Du mich als Lehrer!?

Ich esse mittags und abends in der Kantine mit Kameraden, von denen einer oder zwei reizend sind. Abends habe ich Ausgang um sechs Uhr, bade bei mir zu Hause und koche mir Tee.

Ich muß eine ganze Reihe ziemlich teurer Bücher für meinen Kursus kaufen. Könntest Du mir Geld schicken, sobald Du diesen Brief erhalten hast?

Und könntest Du mir fünfhundert Francs monatlich schik-
ken? Soviel gebe ich etwa aus.
Unser Hauptmann ist ein Hauptmann de Billy. Kennst Du
ihn? Wenn ja, beschaffe mir eine Empfehlung.
Bist Du in Paris? Du solltest wirklich über Straßburg heimfahren, die köstliche Stadt. Sonst mußt Du später kommen,
und dann werde ich viel Urlaub haben, ich, als Lehrer ...
So. Ich verlasse Dich.
Ich umarme Dich, so, wie ich Dich lieb habe.

Dein getreuer Sohn

Antoine

Schick bitte stets das Geld in die Kaserne. (Die Briefe in die
Stadt oder in die Kaserne.)

Straßburg, 1921

Meine kleine Mama

Aber ich hab Dir doch einen Brief von beinah zehn Seiten geschrieben!
Hast Du ihn denn nicht erhalten? Ich schrieb ihn während
einer Nachtwache – neben einem kleinen Bach – im Mondschein.
(Ich riskierte, vor Kriegsgericht zu kommen, als ich ihn
schrieb ... des Nachts sitzend, während ich Wache hatte.)
Und auch ich habe keine Ahnung. Ich wußte nicht einmal,
daß Monot in Paris war. Ebenso ist es mir unbekannt, was sie
dort treibt – völlig unbekannt. Ich fühle mich hier so einsam.
Und dann vor allem, daß Didi krank ist. Ich würde so gern
etwas darüber hören. Wirklich: all das ist traurig.
Trotzdem, Mama, was macht denn Monot in Paris, wo
wohnt sie usw... Ich habe keine Ahnung.

Mama, ich lese nochmals Deinen Brief. Du kommst mir so traurig und müde vor – und dann machst Du mir mein Schweigen zum Vorwurf – Mama: Aber ich habe doch geschrieben! Du kommst mir traurig vor, und da werde ich melancholisch.

Mir geht es gut. Nichts Besonderes. Da das Regiment oder vielmehr die Kompanie dummerweise beinah gemeutert hat, ist unter anderem jeder Urlaub gesperrt. Sobald ich kann, komme ich zu Dir, aber wann?

Ich bin traurig wegen Deines Briefes; er ist um mich wie ein Nebel. Davon abgesehen, geht alles gut. Ich habe gerade einen Tourenzähler erfunden; ein Unteroffizier, der viel von Uhrmacherei versteht, wird ihn mir bauen. Dann wird sich zeigen, was das in der Praxis ergibt.

Ich schließe eben die letzten Berechnungen ab.

Mama, auf Wiedersehn. Ich umarme Dich, so, wie ich Dich lieb habe, meine kleine Mama. Schreib mir einen Brief, der nicht so traurig ist.

Ich umarme Dich, wie ich Dich lieb habe.

Dein getreuer Sohn   Antoine

Könntest Du mir heute meine Rente schicken? Ich hatte in meinem letzten Brief darum gebeten und sitze seit einer Woche ganz ohne Geld.

Ich hatte Dich ebenfalls darum gebeten; mir aus Lyon die folgenden Bücher zu schicken:

1. Ein ausführliches Lehrbuch über Aerodynamik (in einem oder mehreren Bänden), das für Ingenieure geeignet ist.
2. Ein ausführliches Lehrbuch über den Explosionsmotor. So schnell es geht, es bringt mich in Verlegenheit, daß ich sie nicht schon habe.

Das ist Dir doch nicht lästig, nicht wahr, geliebte Mama?

Antoine

(Auf der Rue de la Charité zum Beispiel gibt es eine gute Buchhandlung. Aber ich brauche ein wissenschaftliches Buch.)

Meine liebe Mama

Ich habe gerade Hauptmann de Billy gesprochen, der reizend war und mich bittet, Dir zu antworten, da er durch die Vorbereitungen, die man hier für den Alarmfall trifft, überlastet ist.

Meine Idee, ein ziviles Patent zu erwerben, findet er gut, möchte aber zuvor:

1. daß ich morgen die ärztliche Untersuchung und Gegenuntersuchung bestehe;
2. darüber mit dem Major rede, wegen der Auskünfte über die zivile Fluggesellschaft usw. ...

Ich bin voller Hoffnung, daß alles klappen wird, und dann werde ich Dir Nachricht geben.

Ich steige eben aus einem Spad-Herbemont und bin völlig durcheinander. Meine Vorstellungen über Raum, Entfernungen, Richtung sind dort oben ganz zusammenhanglos geworden. Wenn ich den Boden suchte, blickte ich bald nach oben, bald nach unten, nach rechts oder links. Ich glaubte mich in großer Höhe und wurde auf einmal durch ein senkrechtes Trudeln auf den Boden hinuntergedrückt. Ich glaubte, wir flögen sehr niedrig, und wurde durch die 500 PS des Motors in zwei Minuten auf 1000 Meter hochgesogen. Das tanzte, stampfte, rollte ... O la la!

Morgen steige ich mit dem gleichen Piloten bis auf 5000 Meter weit über das Wolkenmeer. Mit einer Maschine, die ein anderer Freund fliegt, werden wir uns auf einen Luftkampf einlassen. Dann werden mir das Trudeln, die Loopings die Mahlzeiten eines ganzen Jahres aus dem Bauch pressen.

Ich bin noch nicht MG-Schütze und fliege nur auf Grund der Kenntnisse, die ich mir darüber erworben habe. Gestern blies ein stürmischer Wind, und ein scharfer Regen stach einem ins Gesicht mit einer Stundengeschwindigkeit von 280 bis 300 Kilometern.

Ganz gleich, ob es mit dem Zivildiplom etwas wird, denke ich am 9. mit der Ausbildung als MG-Schütze anzufangen. Gestern war große Parade der Jagdflugzeuge.

Die Spads sind winzige Eindecker, schön blank geputzt. Aufgereiht vor den Flugzeughallen, mit hübschen MGs auf dem Buckel – denn seit drei Tagen werden die Maschinengewehre montiert – stehen die Hanriots, dickbäuchige Feuerkugeln, und die Spads-Herbemont, die zur Zeit König sind: neben ihnen existiert kein anderes Flugzeug; sie blicken böse drein mit ihrem Adlerprofil, das einer gerunzelten Braue gleicht ...

Du kannst Dir nicht vorstellen, wie böse und grausam ein Spad-Herbemont aussieht. Es ist ein Flugzeug, das Schrecken einflößt. Damit würde ich leidenschaftlich gern fliegen. Es hält sich in der Luft wie ein Haifisch im Wasser, und so sieht es auch aus – wie ein Haifisch! Der gleiche, sonderbar glatte Leib. Die gleiche geschmeidige und schnelle Fortbewegung. Das bleibt noch in der Luft, wenn es senkrecht auf den Flügeln steht. Kurzum, ich lebe in großer Begeisterung, und es wäre für mich eine bittere Enttäuschung, wenn ich morgen bei der ärztlichen Untersuchung durchfallen sollte.

An dieser Stelle folgt eine recht schematische Skizze.

Dieses nüchterne Gemälde stellt den morgigen Luftkampf dar. Auf Wiedersehn, geliebte Mama, ich umarme Dich von ganzem Herzen.

Dein getreuer Sohn   Antoine

Meine liebe Mama

Gestern hatte ich Wache im Quartier; so konnte ich nicht auf Dein Telegramm antworten.

Allgemein gilt: ich kann Dir nur schwer ohne ernsthaften Grund (denn in diesem Falle benutze ich die Feldpost) telegrafieren; die Kaserne liegt ja nicht in Straßburg, und wir kommen erst zu spät in die Stadt.

Ich erhielt Deinen Brief und die Postanweisung, die in der Kaserne fehlgeleitet worden war; denn man hatte meinen Namen verstümmelt, als man die Ankunft anzeigte. Ohne Didis Paket hätte ich sie noch nicht erhalten (dadurch war es möglich, meinen Namen zu berichtigen).

Ich habe nachgedacht, mich erkundigt, diskutiert. Wenn ich in meinen zwei Dienstjahren etwas zuwege bringen will, gibt es nur diese Lösung. Alles in allem bleibt mir nur jeden Abend eine halbe Stunde Freizeit. Wie soll ich da, todmüde vom Dienst, noch arbeiten? Oder mir irgendein Eigenleben aufbauen? Ich habe mit der zivilen Fluggesellschaft (Compagnie Transaérienne de l'Est) alles abgemacht, unterschrieben usw. Alles ist in Ordnung. Meine Ausbildung fängt Mittwoch an. Es wird etwa drei Wochen oder einen Monat dauern. Ich werde Dich dann in Paris wiedersehn.

Ich gehe dabei von einer Ausbildung in hundert Flügen aus, was recht viel ist (es kostet zweitausend Francs, ganz gleich, wie oft man fliegt).

Am Mittwoch fange ich an. Ich bin fest entschlossen, denn es lockt mich in keiner Weise, bei einem x-beliebigen Piloten MG-Schütze zu sein, und andererseits möchte ich auch etwas tun.

Könntest Du mir morgen, Sonntag, 1500 Francs schicken (in die Kaserne); davon sind tausend für die Kaution bestimmt, die ich wiederbekomme, sobald ich das Diplom habe, oder die Du auch selber abheben kannst, und fünfhundert für das erste Viertel der Zahlung.

Ich lerne auf einer äußerst langsamen Farman, in der man doppelte Steuerung eingebaut hat, damit ich nicht auf den Sop (schnellen Flugzeugen) mit ihrer doppelten Steuerung anzufangen brauche.

Ich schwöre Dir, daß kein Anlaß zu irgendwelcher Besorgnis besteht. In den nächsten drei Wochen bleibe ich beim doppelten Getriebe, und da ich ja andernfalls beinahe täglich auf Militärmaschinen fliegen würde – wie heute zum Beispiel –, ändert sich durchaus nichts.

Du sagst mir in Deinem Brief, ich sollte mich erst nach reiflicher Überlegung entscheiden; ich schwöre Dir, daß das der Fall ist. Ich habe nicht eine Minute Zeit zu verlieren, daher meine Eile.

Ich fange in jedem Fall Mittwoch an, aber ich hätte gern das Geld am Dienstag, um nicht gegenüber der Gesellschaft in die Klemme, ich will sagen: in Verlegenheit zu kommen.

Ich bitte Dich inständig, Mama, sprich mit niemandem darüber und schicke mir das Geld. Wenn Du willst, kann ich's Dir nach und nach von meinem Sold zurückzahlen und dadurch abstottern. Das wird um so eher gehen, als ich, als Militärpilot, hundert Erleichterungen für den Offiziersanwärterkurs erhalte. Also mach das noch heute, ich werde Dir so dankbar sein, hörst Du, Mama?

Abends bin ich manchmal traurig. Du solltest einmal über Straßburg fahren. Ich habe etwas Beklemmungen in dieser Umgebung. Keine Ausblicke. Ich brauche eine Beschäftigung, die mir gefällt, habe Angst, im Wirtshaus zu enden.

Komm also einmal hierher. Die Reise kostet Dich achtzig Francs, und Du kannst in meinem Zimmer übernachten.

Schreib mir. Briefe bedeuten so viel. Verzeih mir, wenn ich nur ein paar Sekunden Zeit habe, so daß ich unleserlich schreibe!

Ängstige Dich nicht wegen der Grippe; in Straßburg grassiert sie nicht.
Ich umarme Dich, so, wie ich Dich lieb habe.

Dein getreuer Sohn

Antoine

Straßburg, 1921

Geliebte Mama

Gestern erhielt ich Dein Telegramm. – Ich schrieb Dir schon, wie alles durch den Hauptmann amtlich in die Wege geleitet wurde.
Ich habe eben die beiden ärztlichen Untersuchungen hinter mir und wurde für tauglich befunden, als Pilot Dienst zu tun. Ich warte auf die militärische Genehmigung, die unverzüglich eintreffen wird. Könntest Du MORGEN ABEND statt am Donnerstag fahren, um mir die 1500 Francs zu bringen, von denen Du tausend auf der Bank deponieren müßtest?
Mama, wenn Du wüßtest, – je länger es sich hinzieht – wie unwiderstehlich mein Wunsch ist, ein Flugzeug zu führen. Wenn ich es nicht erreiche, bin ich sehr unglücklich, aber ich werde es erreichen.

Drei Lösungen:
1. Eine Dienstverpflichtung von einem Jahr oder mehr
2. Marokko
3. Das zivile Diplom

Eine der drei werde ich wählen, denn sobald ich jetzt mein Diplom habe, werde ich fliegen.
Nur haben die ersten beiden Möglichkeiten gewisse Nachteile, und so bald sind wir mit dem Hauptmann zu dem

Schluß gekommen, daß die dritte das Wahre wäre. Wenn ich das zivile Diplom habe, erhalte ich von Rechts wegen auch das militärische Diplom, ohne eine Dienstverpflichtung eingehen zu müssen. Dein Telegramm beunruhigt mich – offensichtlich hängt ja von Dir letztlich die Sache ab, wegen der zivilen Kosten –, sofern ich nicht einen Pump aufnehme, was ich nicht will. Es scheint mir, Du hast vor, Dich dagegen zu stemmen! Sag doch, daß Du das nicht tun wirst? Alles ist abgemacht, der Major ist schon mit der Sache befaßt. Hätte denn der Hauptmann nach Deinem Brief seine Zustimmung gegeben, wenn es Unsinn wäre? Sag doch, Mama?

Wenn nichts daraus würde, ginge ich die Dienstverpflichtung ein; drei Jahre auf diese Weise wären mir lieber als zwei bei solch einem Leben, durch das man verblödet.

Doch das wäre nicht vernünftig, da ich ja diese baldige Lösung wählen kann.

Mama, ich bitte Dich inständig, mir heute eine Postanweisung zu schicken oder morgen abend statt Freitag zu fahren.

Und dann würde es mich so freuen, Dich wiederzusehen, hör doch, Mama. Nur darfst Du nicht kommen, um mich in solchen Kummer zu stürzen. All das ist sehr eilig, weißt Du, und ich habe schon so viel Zeit verloren.

Ich kann Dir vertrauen, trotz dieses Telegramms, nicht wahr? Ich umarme Dich aus ganzem Herzen.

Dein getreuer Sohn

Antoine

Meine kleine Mama

Es wäre mir lieb, wenn Du Montag kommen könntest, denn ich fürchte sehr, daß ich nach dem Diplom kaum Zeit haben werde, um so mehr, als ich ja von Straßburg aus nach Marseille fahren muß.

Wir könnten auch, falls uns ein oder zwei Tage übrigbleiben, nach Paris fliegen, um sie dort zu verbringen und Monot[36] wiederzusehen. Vorher könnten wir das Elsaß besuchen, da ich sehr viel Freizeit habe.

Gern würde ich morgen oder übermorgen meinen ersten Alleinflug machen. Hinterher dauert es mit dem Diplom nicht mehr lange.

Ich erhielt Geld und Bücher. Vielen Dank, Mama. Ich bin in Zivil. Hoffentlich erwischt man mich nicht. Freilich hause ich in meinen vier Wänden, wo ich rauche und Tee trinke. Und ich träume auch viel von Dir und erinnere mich an viele Dinge von Dir, damals, als ich klein war. Und es schneidet mir ins Herz, daß ich Dir so oft Kummer bereitet habe.

Wenn Du nur wüßtest, Mama, wie köstlich ich Dich finde, die feinste aller „Mamas" die ich kenne. Und Du verdienst es so sehr, glücklich zu sein und auch: nicht einen garstigen großen Jungen zu haben, der den ganzen Tag brummt oder wettert. Nicht wahr, Mama?

Gern hätte ich Dir meinen Abend gewidmet und Dir lange, lange geschrieben. Nur ist es so heiß, daß ich nicht mehr existiere. Und obgleich es schon spät ist, bekommt man auch am Fenster keine Luft. Es ist ein Leid. Was soll nur in Marokko aus mir werden?

Stell Dir vor, daß ich in meiner Stube eine lange Hopfenstange hatte, einen braven Jungen aus Villars-les-Dombes, der in den Stunden, wenn er Heimweh hat ... Faust singt oder Madame Butterfly. Ob es in Villars-les-Dombes eine Oper gibt?

Ich liebte immer Deinen Satz über den König: „Madame, es stürmt sehr, und ich habe sechs Wölfe geschossen." Auch heute früh stürmte es sehr. Aber ich liebe das ungemein: Wind, und – im Flugzeug – den Kampf, das Duell mit dem Sturm. Doch ich bin kein ebenbürtiger Partner. Ich fliege an milden und sanften Morgenstunden, wir landen im Tau, und mein Mentor, der ein idyllisches Herz hat, pflückt Gänse- blümchen für „sie". Dann setzt er sich auf die Radnabe und betrachtet die Welt in aller Ruhe.

Ich lernte hier einen Kameraden mit stolzen Allüren kennen. Bestimmt Franz I. oder Don Quijote. Ich wagte es nicht, sein Inkognito zu durchbrechen, aber hatte große Achtung vor ihm. Ich fühlte mich klein, so klein.

Er ehrte mich, indem er geruhte, bei mir Tee zu trinken. Er redete über Philosophie mit dem ganzen Gewicht seiner bourbonischen Nase. Er äußerte über Musik und Poesie sehr schöne Wahrheiten. Er kam dreimal binnen drei Tagen, er hatte die Gnade, meinen Tee, meine Zigaretten köstlich zu finden, und ich sagte mir: Ist es ein Grandseigneur (seine Ge- sten waren sicher und gemessen) oder ein großer Ritter? (Er hatte sehr edle und sehr ehrliche Augen.) Kurzum: Franz I. oder Don Quijote? Das machte mich neugierig, ich hätte gern gewußt, woran ich war. Aber er imponierte mir: er saß ritt- lings auf seinem Stuhl, er hatte soviel Würde.

Dann kam eines Tages Don Quijote, der mir des langen und breiten seine Projekte auseinandersetzte, – schöne aber kost- spielige Projekte. – Franz I. folgte, der mich um hundert Sous anpumpte... Sie sind nie mehr wiedergekommen.

Le Crépuscule des Dieux („Die Götterdämmerung"), sagte Anatole France!

Mama, es ist beinahe dunkel, und die Hitze ist groß ... Ich umarme Dich, so wie ich Dich lieb habe.

Komm schnell!

Dein getreuer Sohn   Antoine

Straßburg, 1921

Geliebte Mama

Das Ministerium teilt mit:
„Maßnahmen wurden getroffen, die bezwecken, die Einschiffung des Soldaten de Saint-Exupéry um vierzehn Tage zu verschieben, damit er erst seine Flugprüfung ablegen kann."
Wenn mir noch Zeit bleibt, steuere ich Saint-Maurice an, aber ich getraue mich nicht, es Dir zu versprechen. Bevor man mit seinem Propeller auf zweitausend hinuntergehen kann, braucht es eine gewisse Erfahrung, es ist immer faul, wenn man auf einem Dach landen muß ...
Die Montandons [37] waren reizend zu mir. Er ist mir äußerst sympathisch. Ich liebe diese Art Menschen sehr. Er angelt mit Überzeugung ... Beinahe hätte ich ihn auf seinen langen Wanderungen begleitet. Ohne ihn wäre ich noch nicht in den Genuß Deines Schecks gelangt.
Auch die Bonels [37] haben mir einen so natürlichen, ja liebevollen Empfang bereitet – obwohl sie weder mich noch meine nächste Familie (allenfalls abgesehen von Tante Mad [38]) kannten –, daß ich ihnen gerührte Dankbarkeit gelobe.
Sie sind leider jetzt abgereist, Frau Bonel und ihre „jungen Damen". – Sie werden im Süden (Toulon) eine liebliche Hitze erleben.
Sonst nichts Neues. Spaziergänge auf dem Quai Kellermann, wo das grüne Wasser immer mehr an Blei erinnert, so heiß ist es. Trudeln und Loopings im Herbemont, wobei Seekrankheit die unweigerliche Folge ist (doch allmählich gewöhne ich mich an diese schwierige Akrobatik). – Fliegen im Stil eines „Familienvaters" auf einer Farman, wenn kein Blatt sich bewegt und der Motor so gnädig ist, sich zu drehn. Vorsichtige und majestätische Kurven. Schlaffe und lässige Landungen – ohne Abtrudeln und Loopings. – Doch warte nur, bis ich eine Herbemont fliege, statt darin als ewiger Passagier zu sitzen ... ach, welch ein Flugzeug!

Was den Farman angeht, so klappt es einigermaßen, ich habe die Maschine in der Hand.

Ich spiele zerstreut Schach und trinke Bier. Ich entwickle mich zu einem dickbäuchigen Bürger. Du wirst mich als plumpen Elsässer wiedersehn. Den Akzent habe ich schon. Ich lerne die Sprache, um Dir einen Gefallen zu tun.

Wozu soll man in den Museen auf irgendwelche künstlerischen Eindrücke erpicht sein? Mit sanftem Eigensinn beharre ich darauf, die Dinge unter dem Gesichtspunkt der Wärmeerzeugung zu betrachten. – Das rosa und beleibte achtzehnte Jahrhundert erfüllt mich mit Abscheu ... ich sage mir: „Wie müssen die aber alle schwitzen!" Nur die Lithographien vom Eismeer beeindrucken mich etwas – und der russische Feldzug.

Oh, dieses Marokko ...

Hier folgt eine stilisierte Skizze, die eine Palme und eine Sonne darstellt.

Im übrigen langweile ich mich gewaltig. Mein Partner beim Schach, der durch die Hitze verblödet ist, gewinnt, da er die Fallen nicht sieht, die ich ihm stelle: das ärgert mich.

Ich verlasse Dich, um ein wohltuendes Bad zu nehmen.

Eben habe ich Deine Postanweisung erhalten. Ich bleibe hier noch achtzehn Tage und muß die Monatsmiete für mein Zimmer bezahlen – ganz gleich, ob ich wegfahre oder bleibe. Auch für die Wäsche habe ich noch einige Ausgaben.

Da ich als Pilot nach Rabat fliege, bin ich zufrieden. Der Anblick der Wüste vom Flugzeug muß großartig sein. Ich verlasse Dich und umarme Dich, ebenso wie Tante Laure[39], die Kusine und die Schwestern.

Dein getreuer Sohn

Antoine

Meine liebe Mama

Vielen Dank für Deinen Brief. Ich hatte seinen Eingang bestä-
tigt, aber nach Paris – und zwar noch am gleichen Tage, zum
Hotel de Lyon. Hattest Du dort Deine Adresse hinterlassen?
Im Grunde hast Du recht getan, alle diese Leute zu besuchen ... Mutterinstinkt!
Neben meiner Ausbildung als Zivilflieger mache ich auch
den militärischen Kursus für MG-Schützen in den Hanriots
mit. Sobald ich mein Diplom als Militär-Beobachter habe,
werde ich Gefreiter.
Beinahe wäre ich nach Konstantinopel gekommen. Man bat
um Freiwillige für morgen. Aber ich dachte, als Mechaniker
wäre es nicht gerade ideal, und es wäre besser, auf mein dop-
peltes Diplom zu warten ... Konstantinopel und umsonst!
Das ist einmalig. Was mich auch gebremst hat, ist die Nachricht, daß vielleicht unser Regiment nach Lyon verlagert werden wird. Ich bin dann zehn Minuten von Saint-Maurice im
Flugzeug entfernt.

> Herr Pfarrer, putzt Eure Stiebel,
> Das Flugzeug steht vor der Tür. [41]

Wenn es wahr wird, kann er sich zum Tanz rüsten, der Pfarrer. Das wird was zum Lachen geben! Andernfalls werde ich,
auf Kosten der Prinzessin, eine Reise zu machen suchen, die
ein Gedicht werden soll.
Ich schlafe zur Zeit auf dem feuchten Stroh der Verliese. Das
Arrestlokal ist in einem Keller. Der bleiche Mond und der
fahle U. v. D. wachen am Guckloch. Sonderbare Gestalten,
die seit Wochen eingesperrt sind, singen dort wunderliche
Lieder von Vororten und Fabriken. So traurige Lieder, daß
man das Heulen von Schiffssirenen zu hören glaubt. Zur Be-

leuchtung hat man Kerzen, die man beim leisesten Geräusch ausbläst.

Ich verbringe im übrigen dort nur die Nächte und die Ruhestunden. Das ist gar nicht unangenehm und sühnt auf ziemlich milde Weise meine eine Minute während Abwesenheit von der Front des Kartoffelschälens.

Seit das Exerzieren zu Ende ist, habe ich den Feldwebel, den Sergeanten und den Gefreiten gewechselt. Die jetzigen sind abgefeimte Rohlinge, die mich ekelhafte Stunden verbringen lassen und andauernd brüllen, nur weil ihnen das Spaß macht. In vierzehn Tagen werde ich Straßburg, Frankreich, mein Zimmer, die Auslagen der Läden wiedersehen. Schreib mir oft!

Wie steht es mit Mimma [42], mit Saint-Maurice, mit allem? Ich bin schließlich sehr zufrieden, daß Du den Abbé Sudour [43] gesehen hast. Sei doch so gut und beschaffe den Auszug aus meinem Strafregister, um ihn ihm zu schicken (22, Rue Delambre). Ich danke Dir dafür von ganzem Herzen. Pierre d'Agay schickt mir die Adresse von jemandem, den ich besuchen soll. Ich werde hingehn, wenn mein Arrest und der Aufenthalt in der Zelle vorbei sind.

Ich kann Dir kein Telegramm schicken, um Deins zu beantworten. Es ist im übrigen auch dann unmöglich, wenn wir Ausgang haben, denn das ist schon zu spät, und die Schalter sind geschlossen.

Auf Wiedersehn, geliebte Mama, ich verlasse Dich und umarme Dich von ganzem Herzen, so wie ich Dich lieb habe.

Dein getreuer Sohn

Antoine

Meine kleine Mama

Wie kannst Du mich so lange ohne Nachricht lassen, obwohl
Du doch so gut weißt, welche Qual das ist?
Ich habe nicht einen Brief seit vierzehn Tagen. Mama!
Ich verbringe meine Zeit damit, mir schlimme Dinge auszu-
malen, und bin unglücklich. Mama, Dein Brief bedeutet alles! Weder Didi noch sonst jemand schreibt mir mehr. Hier,
wo ich mehr Zeit habe, an Euch zu denken, leide ich stärker
unter dieser Einsamkeit.
Ich habe nicht mehr einen einzigen Centime. Wegen der Prüfungen der Offiziersschule mußte ich mich acht Tage in Rabat aufhalten. Es liegt mir nicht daran zu bestehen. Das
Leben in der Staffel wird mich entzücken. Ich lege keinen
Wert darauf, ein Jahr lang in einer düsteren Schule zu verblö-
den, in der einem militärische Theorie beigebracht wird. Ich
bin keine Feldwebelseele. Für solch eine mechanische und
stumpfsinnige Arbeit habe ich wenig übrig. Es würde mich
betrüben, wenn ich nur Casablanca kennenlernte; dann
hätte sich der Aufenthalt in Marokko nicht gelohnt. Sollte
ich bestehen, denke ich daran, den Abschied zu nehmen. Ich
würde dann wieder anfangen, über Architektur zu arbeiten
usw.: in der Schule wäre es aus damit.
Ich werde versuchen, daß ich einen Monat Urlaub bekomme,
denn ich dürste danach, Euch alle wiederzusehn, und wie
sehr!
Diese acht Tage in Rabat waren bezaubernd. Natürlich fand
ich dort Sabran wieder und einen Kameraden aus Saint-Louis.
Außerdem lernte ich zwei reizende junge Leute kennen, die
auch für die Prüfung in der Offiziersschule gekommen waren: gebildete und recht gut erzogene Arztsöhne sowie einen
Hauptmann, der früher in Lyon lebte und uns alle fünf zum
Abendessen einlud: Sabran, den Kameraden aus Saint-Louis,

die beiden jungen Leute und mich. Ein ausnehmend charmanter Mensch. Ein wirklicher Kamerad, und dazu Musiker, Künstler ... Er besitzt ein kleines weißes Haus inmitten der weißen Häuser Rabats. Man glaubt auf dem Nordpol im Schnee spazierenzugehen, so auswattiert wirkt dieser arabische Stadtteil im Mondschein. Welch köstlicher Abend!

Rabat war in diesem Augenblick das Köstlichste auf der Welt. Ich begann dort, Marokko zu verstehen. Endlose Spaziergänge in den lichtdurchfluteten Straßen des Volksquartiers – ach, wenn ich doch Aquarelle malen könnte, welch eine Farbe, welch eine Farbe; es ist märchenhaft, wenn man zu sehen versteht. – Endlose Spaziergänge in den Straßen des reichen Viertels: nur vor dem engen Durchgang öffnen sich geheimnisschwangere Türen. Keine Fenster ... von Zeit zu Zeit ein Brunnen und kleine Esel, die trinken.

Seitdem ich zurück bin, langweile ich mich nicht: ich mache meine ersten Luftreisen. Dreihundert Kilometer heute früh: Ber-Rechid, Rabat, Casablanca. So habe ich meine Lieblingsstadt von oben wiedergesehen ... sie ist wunderbar weiß und friedlich. Ber-Rechid ist ein scheußlicher Marktflecken etwas weiter südlich.

Morgen vormittag wieder dreihundert Kilometer. Die Nachmittage verbringt man mit Schlafen, da man recht müde wird.

Übermorgen große Reise nach Süden. Ich fliege nach Kasbah-Tasla. Für den Hinweg brauche ich drei Flugstunden (das drückt die Kilometer aus) und für den Rückweg natürlich ebensoviel. Wie einsam wird das sein ... ich warte ungeduldig darauf.

Heute lernte ich, im friedlichen Licht einer Lampe, mich nach dem Kompaß zu richten. Vor dem Tisch mit den auseinandergefalteten Karten erklärt mir der Sergeant Boileau: „Wenn Sie hier angekommen sind (und unsere eifrigen Stirnen beugen sich über das Gewirr der Linien), gehen Sie nach 45 Grad West ... Dort lassen Sie ein Dorf links liegen; vergessen Sie nicht, die Abtrift des Windes mit dem beweglichen Zeigefinger auf dem Kompaß zu korrigieren ..." Ich träume ... er weckt mich auf ... „Passen Sie doch auf ... jetzt 180 Grad West, falls Sie nicht auf diesem Weg abkürzen wollen ... doch da gibt es weniger Merkzeichen; ja hier: diese Route ist deutlich zu erkennen ..."

Der Sergeant Boileau bietet mir Tee an. Ich trinke die Tasse in kleinen Schlucken aus. Ich muß daran denken, daß ich bei den feindlichen Stämmen lande, falls ich mich verirre. Wie oft hat man mir nicht schon gesagt: „Wenn Du aus Deiner Kiste springst, Dich einer Frau gegenübersiehst und ihr um den Hals fällst, dann bist Du gefeit; sie wird sich als Deine Mutter fühlen; man wird Dir Ochsen, ein Kamel schenken und Dich verheiraten. Nur auf diese Weise kannst Du Dein Leben retten." Meine Reise ist noch zu einfach, als daß ich solche unerwarteten Zwischenfälle erhoffen könnte; trotzdem bin ich träumerisch an diesem Abend. Ich möchte an langen Expeditionen in die Wüste teilnehmen.

Wie gern würde ich Dich im Flugzeug mitnehmen. Ich verlasse Dich, geliebte Mama. Schreib mir um Gottes Willen! Bitte, schicke mir auch eine telegrafische Anweisung, möglichst über fünfhundert Francs, nur diesen Monat wegen der Reisen.

Ich umarme Dich so zärtlich wie damals, als ich ein ganz kleiner Junge war, der ein grünes Stühlchen mit sich herumschleppte ... Mama!

Letzte Meldung. Ich komme eben von meinem Flug nach Kasbah-Tasla zurück. Kein Motor hat versagt, keine Panne. Es hat mich entzückt, ich werde Dir darüber noch eingehend schreiben.

Antoine

Meine kleine Mama

Ich habe alle möglichen Schätze – Briefe und Milch – erhalten; alles das hat mein Herz hell gemacht.

Letzten Sonntag machte ich einige Aufnahmen mit dem Apparat eines Kameraden. Ich schicke Dir das Meer und die einzigen Bäume der Umgebung: große, traurige Kakteen. Auch meine Silhouette auf einem Felsen. Gefallen sie Dir? Didi wäre hier glücklich. Es gibt unzählige gelbliche Köter, die abscheulich sind. Sie irren im Gänsemarsch im Gelände umher, blöde und böse. Wären sie nicht da, hätte ich mich schon zu den „Douars" aus Stroh und Schlamm hinausgetraut, die mit einer ärmlichen, verfallenen Mauer versehen sind. Abends sieht man dort großartige Greise und kleine, verkümmerte Frauen. Sie heben sich schwarz vom roten Himmel ab und werden langsam altersschwach wie ihre Mauern. Die gelblichen Köter heulen. Biedere Kamele grasen Kiesel ab, und abscheuliche kleine Esel träumen vor sich hin. Man könnte dort hübsche Aufnahmen machen, und doch läßt sich das nicht mit den Dörfern im Ain vergleichen, in denen es Heuwagen und grünes Gras gab und viele zutrauliche Kühe.

Erste Regenfälle. Ein kleiner Wassereimer tropft einem während der Siesta auf die Nase. Draußen wälzt der Himmel Wolkenfelder vorüber. Die dem Winde geöffnete Baracke ächzt wie ein Schiff, und da der Regen große Seen ringsherum gebildet hat, gleicht sie der Arche Noah. Drinnen hat sich jeder schweigend unter seinem weißen Moskitonetz verkrochen, so daß man sich in einem Mädchenpensionat glauben könnte. Man gewöhnt sich schließlich an diesen Gedanken und fühlt sich schüchtern und charmant werden. Wenn man durch handfeste Flüche geweckt wird, antwortet man mit anderen wohlklingenden Flüchen; dann beginnen die kleinen weißen Moskitonetze bestürzt zu beben.

Ich habe an die École Universelle geschrieben; Dank für die Genehmigung. Könntest Du daran denken, mir meine Pension am Ersten zu schicken? Ich möchte meinen Urlaub in Fez verbringen. Das wird mich zerstreuen.
Auf Wiedersehn, geliebte Mama, ich umarme Dich, so wie ich Dich lieb habe.

Dein getreuer Sohn

Antoine

Meine kleine Mama

Ich schreibe Dir aus einem entzückenden kleinen maurischen Salon, ganz vergraben in dicken Kissen, mit einer Tasse Tee vor mir und einer Zigarette zwischen den Lippen. Sabran spielt Klavier – Debussy oder Ravel – und andere Freunde sitzen beim Bridge ...
Wir haben nämlich die Bekanntschaft des reizendsten aller Menschen gemacht: des Hauptmanns Priou aus Rabat. Seiner Kollegen – fast alles frühere Unteroffiziere, die wieder dienstverpflichtet wurden – ist er überdrüssig und hat es verstanden, sich mit einem Kreis reizender Freunde zu umgeben: dazu gehören Sabran, ein früherer Kamerad aus Saint-Louis, der sich mit mir auf die Marineakademie vorbereitete, und zwei andere junge Leute. Es wird begeistert musiziert. Ich spiele nicht, aber höre zu und vergrabe mich deshalb noch etwas mehr in den Kissen.
Sein Haus ist uns so gastfreundlich geöffnet, daß wir das mißbrauchen. Sabran und ich kommen auf 48 Stunden aus Casablanca. Die Mahlzeiten sind munter, das schwöre ich Dir, weil wir alle ... sehr geistreich sind (aber ja!). Wir gehen zu unerlaubten Stunden schlafen, drei oder vier Uhr früh, so fesselnd ist der allabendliche Poker, dazu die Musik. Unsere

Spiele sind atemberaubend, man verliert bis zu sechzehn Sous in einer Nacht. Das macht uns – so glücklich ist unsere Natur beschaffen – genauso viel Spaß, als wenn wir um Louisdors spielten, und wenn sich einer mit dem gewaltigen Gewinn von zwanzig Sous vom Spiel zurückzieht, nimmt er die selbstgefällige Pose an, die dazu gehört.

Jetzt, da Sabran in Casablanca ist und wir jeden Sonnabend nach Rabat fliegen, um Montagabend heimzukommen, nimmt das Leben seinen leichten und angenehmen Gang in diesem Lande, wo alles in Blüte steht. Denn Marokko, der abscheuliche Bled, hat sich zunächst ein ganz neues Grün und weite schillernde Prärien zugelegt; jetzt kleidet es sich mit roten und gelben Blumen, und eine Ebene nach der anderen leuchtet auf.

Es herrscht eine gleichmäßige Wärme, welche die Seelenruhe fördert. Rabat, diese Stadt, der meine Liebe gehört, ist heute stumm.

Das neue Haus des Hauptmanns liegt im weißen Labyrinth der arabischen Häuser und grenzt an die Moschee der Oudaïas. Das Minarett überragt seinen unbedachten Innenhof, und wenn man abends vom Salon zum Eßzimmer geht und zu den Sternen emporblickt, hört man den Muezzin singen und sieht ihn sich bewegen, wie vom Grund eines Hafens.

Auf Wiedersehn, meine geliebte Mama. Innerhalb der nächsten fünf Monate habe ich Dich bestimmt in meine Arme geschlossen. Inzwischen umarme ich Dich ebenso zärtlich, wie ich Dich lieb habe. Hast Du schon meinen langen Brief von voriger Woche erhalten? Bitte, schicke heute meine Rente.

Dein getreuer Sohn

Antoine

Meine kleine Mama

Du weißt nicht, wie rührend eine einfache Weise sein kann, und erst recht nicht, wie herzzerreißend ein Grammophon ist.

Ja, es dreht sich in diesem Augenblick, und ich schwöre Dir, daß mir all diese alten Melodien weh tun. Sie sind zu lieblich, zu zärtlich; wir hatten sie zu oft dort drüben gehört. Das kommt einem wieder wie ein Alpdruck. Den lustigen Weisen eignet eine grausame Ironie. Diese musikalischen Brocken sind ergreifend. Ich schließe unwillkürlich die Augen – ein Volkstanz: ich sehe vor mir alte Truhen aus der Bresse, ein gewachstes Parkett ... oder Manon ... Es ist komisch: wenn man solche Melodien hört, wird man gehässig wie der Landstreicher, der reiche Leute vorbeigehen sieht. Diese ganze Musik macht einem glückliche Zeiten so sehr gegenwärtig. Und dann gibt es Melodien, die trösten ...

Ach, mein lieber Black, hör doch mit dem Bellen auf: ich höre nichts mehr.

Du weißt nicht, wie das ist, Mama.

Ich umarme Dich, meine kleine Mama, so zärtlich, wie ich kann. Meine kleine Mama, schreibe mir schnell und oft.

Dein getreuer Sohn

Antoine

Meine kleine Mama

Ich erhalte von Dir ein Paket mit Strümpfen und einem samt-
artigen Sweater, der den Morgenwind sänftigt und zweitausend Meter Höhe mild erscheinen läßt. Er wärmt wie die
mütterliche Liebe, aus der er hervorgegangen ist. Ich weiß
nicht, was über mich kam: ich zeichne den ganzen Tag, und
deshalb kommen mir die Stunden so kurz vor.
Ich habe die Ursache entdeckt: der Zeichenstift Conté mit
einer Kohlemine. Ich kaufte Skizzenbücher, in denen ich, so
gut ich kann, Tun und Treiben des Tages ausdrücke: das Lächeln meiner Kameraden oder die Aufdringlichkeit des Hun-
des Black, der Männchen macht, weil er sehen möchte, was
ich denn eigentlich zeichne.
Black, mein Hund, verhalte dich still!
Sobald mein erstes Heft voll ist, werde ich's Dir schicken,
doch unter der Bedingung – o Mama! – daß Du's mir zurück-
schickst ...
Es hat geregnet. Oh, aber nicht zu knapp! Das donnerte wie
ein Gießbach. Das Wasser fand übrigens sofort seinen hun-
dertjährigen Weg in den Spalten unseres Dachs wieder; es
schlängelte sich durch die Bretter, vor deren Verpichung sich
unsere Verwaltung ehrfürchtig hütet, und so wurde unser
Schlaf von herrlichen Träumen bevölkert, da uns das Wasser
in den Mund rann wie der Wein im Schlaraffenland. Dein
Sweater ist ganz entschieden herrlich warm. Ihm verdanke
ich ein heiteres Aussehen, aus dem Wohlbefinden spricht,
und einen kleinen stutzerhaften Anflug, der Sympathie er-
weckt.
Gestern war ich in Casablanca. Ich führte zunächst meine
Einsamkeit in den arabischen Straßen spazieren, wo sie weniger bedrückt, weil nur einer auf einmal hindurch kann.
Ich feilschte um ihre Schätze mit weißbärtigen Juden. Sie al-

tern inmitten goldener Pantoffeln und silberner Gürtel, sitzen mit gekreuzten Beinen, beweihräuchert von den Selams ihrer vielfarbigen Kunden: gibt es ein Schicksal, das man mehr bestaunen könnte?

Ich sah, wie ein Mörder durch die Gassen geführt wurde. Man spickte ihn mit Schlägen, damit er sein Verbrechen herausheulte vor den ersten jüdischen Kaufleuten und den kleinen, verschleierten Fatimas. Er hatte ausgerenkte Schultern und einen zerbeulten Schädel. Es war sehr erbaulich und sehr moralisch. Rings um ihn her brüllten seine Peiniger. Alle Stoffe, in die sie sich hüllen, schrien ungestüm ihre Farben heraus. Es war barbarisch, es war großartig. Die kleinen goldenen Pantoffeln wurden dadurch nicht erschüttert und auch nicht die silbernen Gürtel. Es gab deren so kleine, daß sie lange auf Aschenbrödel warten werden, und andere so reich geschmückte, daß sie sich nur für eine Fee geschickt hätten ... Mein Gott, welch hübsche Füßchen müßte sie haben. Während mir nun der kleine Pantoffel seinen Traum erzählte – goldene Pantoffel brauchen Stufen aus Mosaik – handelte sie eine verschleierte Unbekannte ein und entführte sie. Ich gewahrte nur zwei riesige Augen ... Ich wünsche, o ihr goldenen Pantoffel, daß sie die jüngste der Prinzessinnen sein möge und in einem Garten mit bezaubernden Springbrunnen lebe! Doch ich bekomme es mit der Angst. Ich muß daran denken, daß reizende junge Mädchen beinahe, durch die Schuld knauseriger Onkel, mit einem abscheulichen, dummen und häßlichen Manne verheiratet wurden.

Schweig still, mein Hund Black, du verstehst nichts von diesen Dingen.

Meine kleine Mama, setze Dich unter einen blühenden Apfelbaum, denn man erzählt uns ja, daß sie in Frankreich in Blüte stehn. Und blicke mir zuliebe genau um Dich. Es muß grün und reizend sein, und es gibt Gras ... Das Grün fehlt mir, das Grün ist eine geistige Nahrung, das Grün speist die sanfte Lebensart und die Ruhe der Seele. Wenn man diese Farbe des Lebens ausmerzt, vertrocknet man schnell und wird böse. Die Raubtiere verdanken ihren hinterhältigen Charakter nur dem Umstande, daß sie nicht auf dem Bauch in der Luzerne leben. Wenn ich einem Strauch begegne, reiße ich einige Blätter ab und vergrabe sie in meiner Tasche. Dann, in meiner Stube, sehe ich sie liebevoll an und wende sie ganz sachte um. Ich möchte Deine Gegend wiedersehn, wo alles grün ist.

Antoine

Schiffsgesellschaft Paquet, Januar 1922 [44]

Meine liebe Mama

Tanger ist gestern in der Ferne verschwunden. Lebwohl, Marokko. Wir fahren an der spanischen Küste entlang, und sobald man eine kleine weiße Stadt eben im Sonnenlicht erkennen kann, bezaubert uns mein Nachbar auf seinem Liegestuhl mit ihrem wohlklingenden Namen.

Das Meer ist meinem Magen gnädig. Nicht eine Wolke, nicht eine Welle. Das Menu ist ganz gut, Zerstreuung gibt es nicht viel. Niemand spielt Schach, und ich habe alle meine Bücher ausgelesen. Ich habe mich im Eßsaal niedergelassen. Ich betrachte wohlwollenden Auges die Kellner, die das Gedeck hinlegen. Das ist eine tugendhafte Beschäftigung. Leider endet das Diner während des Sonnenuntergangs, und das wird mir die Nachspeise verderben.

Didi schreibt mir, daß sie mit mir nach Saint-Maurice zurückfährt. Das wird eine charmante Reise werden. Ich werde ihr sagen: „Wie geht's Dir, liebe Freundin?", und sie wird sich vor den anderen Reisenden damit brüsten.

Ich schreibe Dir schon jetzt, denn wahrscheinlich werde ich meine Zeit in Marseille mit törichten Plackereien wie einer ärztlichen Untersuchung und anderen bürokratischen Formalitäten verbringen müssen. So werde ich nicht eine Sekunde für mich haben, und falls Didi mich am Schiff abholen will, wozu sie den frommen Wunsch äußerte, fürchte ich stark, daß sie nur einen hastigen Kuß von mir bekommen wird. Sie erhält dadurch alle Freiheit, zum Tanzen nach Saint-Raphael zurückzukehren, bis ich meinerseits Istres[45] verlassen kann.

Hör zu, Mama, es ist jetzt so heiß in Marokko, daß ich große Angst habe, in Saint-Maurice eine doppelte Bronchitis zu bekommen; laß doch mein Zimmer heizen, es wäre so dumm, wenn ich krank würde! Kannst Du nicht Deine Reise nach Paris etwas vorverlegen, um mich mitzunehmen, sag doch, Mama? Wenn Du wüßtest, welches Heimweh ich habe nach seinen grauen Steinen, seinen symmetrischen Gärten und seinen Ausstellungen! Über Marokko kann ich mich nicht beklagen, es war mir gnädig. Ich verbrachte Tage düsterer Melancholie in einer verfaulten Baracke, aber daran erinnere ich mich jetzt wie an ein Leben, das voller Poesie war. Und dann gab es auch gute Augenblicke, und unsere seltenen, aber erlesenen Zusammenkünfte in Rabat werden mir unvergeßlich bleiben.

Welche Freunde soll ich mitbringen? Du möchtest doch gewiß nicht, daß ich sie Marokko entreißen soll, damit sie acht Tage bei uns zu Hause verleben? Dann meinst Du also Freunde in Frankreich, aber Sallès und Bonnevie haben ihre Arbeit. Das Schiff schwankt beunruhigend. Ich spüre, wie der Merlan vom Mittagessen sachte zappelt. Und doch ist der Himmel klar. Gib, lieber Gott, daß diese kleinen Wellen verschwinden.

Auf Wiedersehn, liebe Mama, öffne die Türen des Hauses und schlachte das fette Kalb. Fordere den Herrn Pfarrer in meinem Namen zum Schach heraus, sage Mimma und

Moisi [46], wie sehr ich sie alle beide umarme, und bitte Monot inständig, Régine [47] nichts von meiner Ankunft zu sagen, damit Louis die Überraschung erlebt, wie ich eines Abends in sein Zimmer eindringe.

Antoine

Camp d'Avord, Oktober 1922 [48]

Meine kleine Mama

Eben las ich wieder Deinen so liebevollen Brief, den Du mir neulich geschrieben hast. Meine kleine Mama, wie gern wäre ich bei Dir! Wenn Du wüßtest, wie ich täglich lerne, Dich noch etwas lieber zu haben. Ich schrieb nicht die letzten Tage, aber wir haben gegenwärtig so viel zu tun! Es ist schönes und mildes Wetter heute abend, aber ich bin traurig, ich weiß nicht weshalb. Diese Ausbildung in Avord ist auf die Dauer so ermüdend. Sehr nötig habe ich eine Ruhekur in Saint-Maurice und daß Du bei mir bist.
Was treibst Du, Mama? Malst Du? Du hast mir nichts von Deiner Ausstellung erzählt und auch nichts von dem Beifall, den Lépine Dir spendete.
Schreib mir! Deine Briefe tun mir wohl; sie kommen zu mir wie ein frischer Luftzug. Meine kleine Mama, wie bringst Du es nur fertig, die so köstlichen Dinge zu finden, die Du sagst? Sie bewegen einen den ganzen Tag.
Ich brauche Dich ebensosehr wie damals, als ich ganz klein war. Die Feldwebel, die militärische Disziplin, die Kurse über Taktik, was ist das alles für trockenes und sprödes Zeug! Ich sehe Dich vor mir, wie Du die Blumen im Salon ordnest und bekomme eine Wut auf sie: auf die Feldwebel.
Wie konnte ich Dich nur manchmal zum Weinen bringen?

Wenn ich daran denke, bin ich so unglücklich. Ich ließ Dich an meiner Zärtlichkeit zweifeln. Und doch: wenn Du nur von ihr wüßtest, Mama.

Du bist das Beste, was ich im Leben habe. Ich habe heute abend Heimweh wie ein kleiner Junge. Wenn ich mir vorstelle, daß Du dort herumgehst und sprichst, und daß wir zusammensein könnten, und daß ich nichts von Deiner Zärtlichkeit habe und daß auch ich Dir keine Stütze bin.

Mir ist wahrhaftig zum Heulen heute abend. Du bist der einzige Trost, wenn man traurig ist. Als ich ein kleiner Junge war, kam ich mit meinem dicken Ranzen auf dem Rücken nach Hause, schluchzend, weil ich bestraft worden war – Du erinnerst Dich doch an Le Mans; und nur durch einen Kuß von Dir war alles vergessen.

Du warst ein allmächtiger Schutz gegen die Aufpasser und den Pater Präfekten. Man fühlte sich geborgen in Deinem Hause, man gehörte nur Dir; wie gut war das.

Nun, jetzt ist das ebenso, Du bist meine Zuflucht, Du weißt alles, Du läßt alles vergessen, und ob man will oder nicht, man fühlt sich als ganz kleiner Junge.

Mama, ich verlasse Dich. Die Arbeit wächst mir über den Kopf. Ich werde noch ein letztes Mal am Fenster frische Luft schöpfen. Die Frösche hier quaken wie in Saint-Maurice, aber sie quaken bei weitem nicht so gut!

Ich umarme Dich so zärtlich.

Dein großer Sohn

Antoine

Morgen im Flugzeug werde ich mindestens fünfzig Kilometer in Deiner Richtung fliegen, damit ich mir einbilden kann, daß ich zu Dir unterwegs bin.

Meine kleine Mama

Ich führte ein trauriges Dasein in einem düsteren kleinen Hotel auf dem Boulevard Ornano 70 a [49]. Das ist nicht sehr amüsant. Obendrein ist das Wetter abscheulich. Alles das wäre wirklich trostlos, wenn ...

Ich habe Dir lange nicht geschrieben, denn ich wollte abwarten, bis ich Dir eine großartige Neuigkeit vermelden könnte, und da alles in der Schwebe blieb, wollte ich Dir nicht von falschen Hoffnungen schreiben. Aber jetzt scheint das so ziemlich sicher zu sein. Ich nehme an, Du wirst Dich vor Freude nicht lassen können.

Ich habe eine neue Stellung in Aussicht. Es ist in der Automobilbranche, ich soll bekommen:

1. Als Fixum: 12 000 im Jahr
2. Als Provision: etwa 25 000 im Jahr

Also zwischen 30 000 und 40 000 im Jahr und außerdem ein kleines Auto, das mir gehört, in dem ich Dich spazierenfahren werde und Monot auch. Erst nächste Woche habe ich völlige Gewißheit, und in diesem Fall werde ich wahrscheinlich Mittwoch bei Dir eintreffen und etwa acht Tage bleiben. Ich wäre im Außendienst tätig und hätte ein unabhängiges Leben. Es wäre meine erste Freude seit einem Jahr. Ich wäre unendlich glücklich darüber: Du auch.

Mein Hotel hingegen widert mich zu sehr an, und ich weiß nicht, wo ich wohnen soll.

Das einzig Lästige an dieser Stellung ist eine zweimonatige Ausbildung in der Fabrik, wobei ich als Arbeiter alle Abteilungen passieren soll, um völlig auf dem laufenden zu sein. Ich weiß noch nicht, ob diese zwei Monate bezahlt werden. Aber ich werde dann ein dicker Monsieur mit viel Kies sein.

Gestern verbrachte ich den Abend mit Priou bei Mapie, die durch ihre Heirat mit Hennessy französische Botschafterin

geworden ist ... Sie stellte mich tausend Prominenten mit
folgender Qualifikation vor: „ ... äußerst talentierter Lite-
rat!"

Wann kommt Simone? Sie fehlt mir sehr. Sag ihr, ich würde
sie diesen Winter in einem entzückenden kleinen Wagen
spazierenfahren ... und sie zum Diner einladen, sobald ich
erst eine Wohnung habe (schade, daß ich nicht mehr bei
Priou wohnen kann).

Meine kleine Mama, Mittwoch schreibe ich Dir, wie es mit
dieser maßlosen, maßlosen Hoffnung steht, die Gestalt anzu-
nehmen scheint. Und wenn ich kann, werde ich Dir dann
antworten; sonst kommst Du ja wohl über Paris?

Ich umarme Dich von ganzem Herzen, so wie ich Dich lieb
habe.

Antoine

Paris, Rue Vivienne 22, Oktober 1923

Meine kleine Mama

Ich muß so viel arbeiten, und meine Arbeit ist so stumpfsin-
nig, daß ich Dir nicht geschrieben habe. Ich mache mir Vorwürfe. Jetzt sitze ich unter der kleinen Lampe, die Du mir
geschenkt hast, die ich lieb habe und die mir ein mildes Licht
spendet. Ich bin so traurig, weil ich weiß, daß Du leidend
bist.

Geht es Dir besser? Meine arme kleine Mama, ich war so
stolz, Dich in Saint-Maurice zu sehn; Du hast alles so prächtig arrangiert: Du hast für das Glück Deiner beiden Jungen so
gut vorgesorgt. Ich liebte Dich so sehr, ohne es Dir sagen zu
können. Meine armen Sorgen machten mich so verschlossen
in letzter Zeit. Ich weiß genau, daß ich Dir mein ganzes Vertrauen schenken und Dir meinen Kummer erzählen sollte,

damit du mich trösten kannst wie damals, als ich klein war und Dir all mein Leid herunterbetete. Ich weiß ja, daß Du Deinen Sohn, diesen langen Kerl, so lieb hast. Du mußt mir nicht allzu böse sein, weil ich gereizt war; ich habe schlimme Tage hinter mir. Jetzt bin ich darüber hinweg. Ich bin ein tapferer Junge. Wenn Du nach Paris kommst, werde ich mich bemühen, der liebevollste aller Söhne zu sein. Du mußt in meinem Zimmer wohnen; dort bist Du besser aufgehoben als im Hotel, und am Abend hole ich Dich ab; dann werden wir zusammen dinieren, und ich erzähle Dir komische Geschichten, die ich Dir zuliebe gelernt habe; so wirst Du zufrieden sein. Und dann wirst Du mein Glück zimmern. Ich weiß nicht, weshalb ich darauf versessen war, mich allein darum zu kümmern. Nur Du kannst alles einrenken. Ich lege alles in Deine Hände; Du wirst dann mit den höheren Mächten reden, und so wird alles gut gehn. Ich bin jetzt wie ein ganz kleiner Junge; ich flüchte mich zu Dir. Ich weiß noch, wie Du den Pater Präfekten aufsuchtest und alle meine Schwierigkeiten wegräumtest, Du gingst ja zum Pater Präfekten ... Meine kleine Mama, Du bist sehr viele Dinge.

Meine kleine Mama, warst Du zufrieden mit mir in Saint-Maurice, habe ich meine Rolle als Bruder gut gespielt ...? Ich war etwas gerührt. Und ich war auch so gerührt um Deinetwillen ... Das war die Krönung Deines Werks. Du hast viel Glück gestiftet. [50]

Meine geliebte Mama, verzeih mir all den Kummer, den ich Dir bereitet habe. Du mußt mit mir ein Stück sehen, daß äußerst beeindruckend ist. Ich komme heute abend davon nach Hause; Yvonne hatte mich eingeladen: La Maison avant tout („Das Haus über alles") von Pierre Hamp. Es wird Dir gefallen.

Guten Abend, meine kleine Mama, schreib mir. Hab mich lieb.

Antoine

Meine kleine Mama

Dank von ganzem Herzen, Du bist ein Schatz. Deine einge-
machten Früchte sind ganz voller Sonne. Deine Socken
kenne ich noch nicht, aber ich zittere, denn Du liebst sie mit
leuchtenden Farben ...

Ich bin etwas abgespannt, aber ich arbeite wie ein Gott.
Meine Vorstellungen über den Lastwagen im allgemeinen,
die verschwommen waren, gewinnen an Präzision und hellen
sich auf. Ich denke, ich bin bald in der Lage, Lastwagen ganz
allein zu demolieren.

Meine ganz kleine Mama, wirst Du in Paris bei mir wohnen,
wenn ich ein wichtiger Herr sein werde? Mein Zimmer ist so
traurig, und ich bringe nicht den Mut auf, meine Kragen und
meine Socken voneinander zu trennen...

Mein Roman bleibt etwas liegen, aber ich mache erhebliche
innere Fortschritte, denn ich zwinge mich dazu, jede Sekunde zu beobachten. [51] Ich speichere auf.

Ich muß mich jetzt um meinen Wagen kümmern. Könntest
Du mir schon gleich ein Konto beim Crédit Lyonnais eröff-
nen, wie Du es mir vorschlägst? Aber, Mama, in Saint-Maurice hatten wir von zwanzigtausend gesprochen, was sogar
stimmte, denn ich muß ja (für meinen Wagen) eine Versiche-
rung eingehen und mir Anzüge machen lassen, denn abgesehen von einem Smoking und meinem Mantel, stammen
meine jetzigen aus der Zeit meiner Entlassung vom Militär.
Schließlich wird mein erster Reisemonat erst am Schluß bezahlt. Und vielleicht muß ich mir auch eine Wohnung suchen?

Aber Du schuldest uns nicht einen Sou. Also schick mir, so
viel Du willst. Je eher es geschieht, um so mehr spare ich dadurch, denn Suresnes ruiniert mich durch Taxis, wenn man
mich morgens zu spät weckt. [52]

Mama, ich hoffe sehr, daß ich Dir eines Tages meinerseits helfen und Dir alles entgelten kann. Man muß etwas Vertrauen in mich haben. Ich arbeite wie ein Neger.
Ich umarme Dich zärtlich, so wie ich Dich lieb habe.

Dein getreuer Sohn

Antoine

Paris, 1923

Meine kleine Mama

Tausend Dank für Deine Postanweisung. Meine pekuniäre Lage ist so, so schlecht, da ich ja umziehen mußte; daraus ergaben sich mehrfache Trinkgelder an die Putzfrau, die Concierge usw., Transport meiner Bücher, Koffer, Kantine und obendrein dreihundert Francs für den Zahnarzt, der mir keinen Kredit einräumen wollte. – Ich bin arg in der Klemme. Es wird mir so schwer fallen, Biche zu besuchen.
Ein Ausweg bleibt mir offen: der Journalismus. Aber leider habe ich keine Sekunde Zeit für Reportagen, und mein Bekannter kann Artikel von mir nur in der Rubrik „Vermischtes" im „Matin" unterbringen.
Vielleicht gehe ich im Frühjahr oder diesen Winter nach China, denn man sucht dort Piloten, und vielleicht könnte ich eine Fliegerschule leiten. Die pekuniären Bedingungen wären großartig. Ich tue gegenwärtig alles dafür, was ich kann.
Mein Büro wird immer melancholischer, und meine trübsinnige Stimmung hält heimtückisch an. Auch deswegen würde ich gern reisen.
Tante Anaïs ist gewiß jetzt in Saint-Maurice; sie ist ein Schatz. Meine kleine Mama, wann gedenkst Du denn, wieder zu Hause zu sein? Gern würde ich Dich dort wiedersehn und friedliche Tage verleben. Falls ich nach China reisen sollte, hätte ich vielleicht einen Monat frei. Das Wetter ist traurig.

Trotzdem bin ich am Sonntag in Orly geflogen. Ich hatte einen sehr schönen Flug.

Mama, ich vergöttere diesen Beruf. Du kannst Dir nicht vorstellen, welch eine Ruhe, welch eine Einsamkeit einem in viertausend Metern zuteil wird, wenn man mit seinem Motor allein ist. Man liegt auf dem Grase und schläft, während man darauf wartet, bis man an der Reihe ist. Man folgt mit den Augen dem Kameraden, auf dessen Flugzeug man wartet, und erzählt sich Geschichten. Sie sind alle fantastisch. Sie handeln von Notlandungen auf freiem Feld, von kleinen unbekannten Nestern, wo der gerührte und patriotische Bürgermeister die Flieger zum Essen einlädt ... und von märchenhaften Abenteuern. Fast alle sind soeben erfunden, aber jedermann ist baß darüber erstaunt, und wenn man selber startet, ist man in Abenteuerlaune und voller Hoffnung. Doch es passiert nichts ... und so tröstet man sich nach der Landung mit einem Portwein oder indem man erzählt: „Mein Motor wurde aber heiß, Mensch, ich hatte eine Angst ..." Er wurde so wenig heiß, der arme Motor ...

Die Hälfte meines Romans ist fertig, Mama. Ich glaube wirklich, das ist etwas Neues und Konzises. Das Leben mit Priou ist sehr angenehm, weil er den denkbar besten Charakter hat. Leider müssen wir am 15. Oktober die Wohnung aufgeben und eine neue suchen. Wir haben zwei in Aussicht. Hoffentlich werden die Kosten nicht zu hoch sein – die Miete als solche ist glücklicherweise ziemlich niedrig – Du wirst mir doch wohl einige Möbel und einige Bettücher geben?

Wer ist in Saint-Maurice? Wo ist Bonne Maman? Meine kleine Mama, ich umarme Dich von ganzem Herzen. Sag Mimma, ich würde ihr schreiben; sie soll mir mein Schweigen verzeihen, weil ich etwas trübsinnig war, und auch, daß ich nicht bei der Taufe dabei sein konnte.

Dein getreuer Sohn   Antoine

Meine kleine Mama

Ich hoffe sehr, zu den Wahlen kommen zu können, und dann ergab sich diesen Sonntag die einzigartige Gelegenheit, daß ich Flugaufnahmen für meine Firma machen konnte. Und das tat ich denn auch: ich möchte erreichen, daß sie eine kleine Gesellschaft bildet, die Flugaufnahmen für Fabriken herstellt und deren Leiter ich sein würde: hierfür bereite ich hinterlistig die einzelnen Etappen vor. Diese hier konnte ich mir nicht entgehen lassen. Im Augenblick verbringe ich meine Tage auf der Pariser Messe, wo ich in einer kleinen Baracke präsidiere. Meine Freunde besuchen mich dort, und ich unterhalte mich mit Hunderten von Besuchern, wobei ich ernst und würdig aussehe. Du würdest lachen, wenn Du mich dort erblicken könntest.

Die Jacques' haben ihrem Sprößling das Geleit gegeben[53]. Er ist ohne große Begeisterung abgefahren. Das wird ihm gut tun. Nichts gefiel mir so sehr wie dieses Leben als Soldat zweiter Klasse und diese sympathische Kameradschaft mit Mechanikern und Zuhältern. Sogar das Arrestlokal gefiel mir, wo man düstere Lieder sang.

Mein Roman reift Seite um Seite.[54] Ich denke, ich werde im nächsten Monat damit fertig werden und ihn Dir dann zeigen können: ich glaube, er ist etwas ganz Neues. Ich habe eben die Seiten geschrieben, die ich für die besten halte.

Meine kleine Mama, Du hast meine Freunde so reizend empfangen, daß ich ganz gerührt war. Vergib mir, daß ich Dir nicht besser dafür gedankt habe.

Meine Gesundheit ist gut, meine Freunde sind charmant. Ich bin wirklich vom Himmel gesegnet, daß ich so nette gefunden habe. Ich hätte so gern eine Wohnung, um sie darin zu empfangen, möchte dort wirklich zu Hause sein und eine liebevolle, freundschaftliche Atmosphäre schaffen. In diesem modrigen Zimmer, in dem ich mich nicht zu Hause fühle, kann ich nicht mehr leben. Es ist auch zu heiß, das ist ein weiteres Übel. Wie kannst Du nur die Sonne lieben? Mama, alle Leute schwitzen, es ist gräßlich.

Tante Anaïs, die rundlich und optimistisch ist, frühstückt jeden Mittwoch mit mir. Ich führe sie in kleine Lokale, sie fühlt sich dort glücklich, und wir reden von Politik, von Literatur, von mondänen Dingen. Wir sehen aus wie ein Liebespaar.

Soviel, meine kleine Mama. Ich möchte Dir noch sagen, daß ich Saint-Maurice neulich köstlich fand und daß ich schnell wieder hinfahren möchte. Ich werde versuchen, meinen Urlaub gleichzeitig mit Deiner Tochter Didi zu nehmen. Ich hätte auch den großen Wunsch, daß Du mir Kirschen schicktest, eine große Kiste. Es würde mir solch eine Freude machen! Mama, meine Freunde sind sehr gerührt, daß Du sie auf diese Weise aufgenommen hast.

Ich umarme Dich sehr zärtlich.

Ich habe Dich sehr lieb, Mama.

Antoine

Paris, 1923

Meine kleine Mama

Es kann sein, daß ich Anfang des nächsten Monats genug Geld habe, um einen Sonntag in Saint-Maurice zu verbringen; das wird bestimmt keine Strapaze für mich sein, und es würde mich so freuen, Dich und Biche und das Haus wiederzusehn. Du hast mir einen so liebevollen Brief geschrieben, Mama; es stimmt, daß ich eine ganze Weile nicht mehr ich selber war. Ich lebte während dieser acht Monate ein so ungewisses Leben, das mir so wenig Sicherheit bot. Du mußt mir deswegen nicht böse sein. Jetzt ist alles völlig in Ordnung. Meine Arbeit ist nicht allzu langweilig, und daneben verfolge ich einige Projekte. Ich arbeite auch in kleinen Brocken an meinem Roman, den Louis [55] sehr bewundert.

Didi sollte mir schreiben; es stimmt, daß ich nicht antworte, doch das ist deshalb nicht so wichtig, weil ich noch nicht viel zu erzählen habe, aber das wird schon kommen ... Was treibt sie denn ...?

Bei Priou mit einem Haufen alter Freunde ist es charmant und gemütlich. Yvonne ist dagegen seit einem Monat in der Provence; ich denke, sie wird bald wieder heimkommen.

Langweilst Du Dich auch nicht zu sehr da drunten, Mama? Weshalb fährst Du nicht wieder zu Didi, um dort zu malen und Dich aufzuwärmen? Zum Glück scheint ja in diesen Tagen die Sonne ein wenig, und so frierst Du vielleicht nicht allzu sehr.

Hast Du vor, meinen Mantel zu bezahlen? Der Wechsel ist Ende des Monats fällig. Soll ich ihn Dir schicken? Jedenfalls, wenn mir das Geschäft glückt, dessen Abschluß ich für Anfang April erwarte, zahle ich Dir's zurück, sobald ich zu Dir komme, denn ich möchte Dir nie mehr auf der Tasche liegen, aber ich bin wirklich jetzt übel dran und weiß nicht, wie ich zahlen soll.

Ich verlasse Dich, meine kleine Mama, und umarme Dich, so wie ich Dich lieb habe.

Dein getreuer Sohn

Antoine

Mama, Mapie ist etwas Schreckliches passiert. Du mußt ihr eine kleine Zeile schreiben. Sie hat eben ihre sieben Monate alte Tochter verloren. Ihr Mann war gerade auf drei Monate nach Amerika gefahren. Sie ist unterwegs, um ihn dort zu treffen. Es wird sie trösten, wenn Du ihr ein freundliches und einfaches Wort schreibst, wie Du das kannst. Sie hat mir wirklich mit so viel Takt in schwierigen Augenblicken geholfen. Tu das mir zuliebe.

Ich habe einen alten Freund aus dem Gymnasium, einen Marineoffizier, wiedergetroffen, der ein recht kultivierter Knabe geworden ist und viele Dinge gesehen, begriffen und beurteilt hat. Das hilft mir wunderbar weiter. Wir schauen uns zusammen die Dinge auf künstlerischem Gebiet an, Theaterstücke und Ausstellungen; dann diskutieren wir. Seine allgemeinen Vorstellungen sind so klar, daß das gesund und belebend ist. Ich bin zufrieden.

Simone blüht und gedeiht auf den Wegen des Herrn. Im Aufsatz war sie die erste [56]. Und sie war nicht die einzige, die einen Aufsatz schrieb. Auf einmal steht sie nun erst mittags auf.

Ich freute mich sehr zu hören, daß es Mimma besser geht. Meine Erzählung [57] und ihre [58] warten auf das Ende meiner Ausbildung, um getippt zu werden, denn dreizehn Arbeitsstunden täglich langen mir, aber sage ihr, daß es nicht mehr lange dauern wird.

Ich umarme Dich.

Antoine

Meine kleine Mama

Ich wünsche Dir ein Jahr mit etwas Glück; das ist dem Himmel gegenüber nicht zu anspruchsvoll!

Es würde mich irrsinnig freuen, Euch wiederzusehen: den Süden, Didi, Mimma und vor allem Dich – und andererseits wäre es so verrückt hinzufahren, denn ich muß am Ersten zweihundertfünfzig Francs für das Zimmer ausgeben und fünfzig Francs zurückzahlen, so daß mir noch fünfzig Francs übrigbleiben. Ich schwöre Dir, meine kleine Mama, daß ich diesmal vernünftig bin und ein großes Opfer bringe, aber es bedrückt mich, Dir so zur Last zu fallen, und ich kann es jedenfalls nicht verantworten, daß Du diese Reise bezahlen mußt.

Nur bin ich recht trübsinniger Stimmung. Vor allem, sobald ich mich entschlossen habe zu bleiben, wozu ich noch nicht den Mut aufbrachte. Aber, meine arme Mama, wenn ich fahren sollte, müßte ich Dich schon am Tag meiner Rückkehr wieder um Geld bitten, und ich muß ja nun einmal leben, während durch Deine Sendung wenigstens mein Zimmer bezahlt wäre! Und es ginge mir gegen den Strich, Dich darum zu bitten.

Meine kleine Mama, ich bin es völlig leid, daß ich so nicht mit meinem Geld auskomme – da fände ich es nicht sehr anständig, nur zu meinem Vergnügen und damit ich zwei Tage bei Euch sein kann diese dreihundertfünfzig Francs auszugeben.

Ich umarme Dich sehr zärtlich.

Dein getreuer Sohn

Antoine

Meine kleine Mama

Yvonne hat mich im Auto nach Fontainebleau mitgenommen. Es war eine reizende Spazierfahrt. Ich habe bei Ségogne [59] zu Abend gegessen.

... X ist nach Marokko abgereist. – Hier die Ergebnisse meiner Erziehung:

Er schreibt mir:

„... Alles, was Du mir sagtest, habe ich genau verstanden. Auch daß Du mich das lehrtest, was ich schon verschwommen empfand und was Du mir deutlich machtest, weil Du zu denken weißt und Deine Gedanken klar und einfach ausdrücken kannst ..."

„... Wenn ich an die Wohltat denke, die Du mir erwiesen hast, und an die Fortschritte, die ich Dir zu verdanken habe, so ..."

„... Als ich neulich mit dir sprach, spürte ich wiederholt, wieviel ich noch arbeiten müßte, wenn ich aufsteigen und die Welt von Deiner Ebene aus sehen wollte ..."

Ich habe ein ganz klein wenig ein menschliches Wesen aus ihm gemacht, indem ich ihn mit der Außenwelt verknüpfte. Ich bin ziemlich stolz darüber, welchen Erfolg meine Ideen über die Denkerziehung gehabt haben. Alles eignet man sich an, nur das nicht. Man lernt schreiben, singen, richtig reden, sich bewegen, aber niemals denken. Und man läßt sich durch Worte leiten, und die führen sogar die Gefühle hinters Licht. Doch ich will ihn menschlich und nicht akademisch.

Mir ist aufgefallen, daß die Menschen, wenn sie reden oder schreiben, sofort jeden Gedanken aufgeben, um künstliche Deduktionen anzustellen. Sie verwenden Worte wie eine Rechenmaschine, aus denen eine Wahrheit hervorgehen soll. Das ist idiotisch. Es kommt nicht darauf an zu lernen, wie man Schlüsse zieht, sondern wie man keine Schlüsse mehr zieht. Man braucht nicht durch eine Folge von Worten hindurchzugehen, um etwas zu begreifen, oder vielmehr: sie verfälschen alles; man schenkt ihnen Vertrauen.

Meine ganze Pädagogik klärt sich, und daraus mache ich mein Buch. Es ist das innere Drama eines Menschen, der allmählich zum Vorschein kommt. Die anfängliche Bloßlegung muß brutal sein. Es gilt, seinen Schüler zunächst zu entblößen, damit man ihm beweisen kann, daß er nichts ist als X ...

Ich verabscheue die Leute, die schreiben, um sich zu amüsieren und weil sie auf Effekthascherei ausgehn. Man muß etwas zu sagen haben.

Ich habe also X beigebracht, inwiefern die Worte, die er aufreihte, künstlich und unnütz waren, und daß der Fehler nicht in mangelnder Arbeit, was sich leicht berichtigen ließe, sondern in einem tiefgehenden Defekt seiner Sehweise bestand, der allem zugrunde lag, und daß er nicht nur einen Stil, sondern sein ganzes inneres Leben – Verstand und Anschauung – umerziehen müsse, bevor er mit Schreiben beginnen könne.

So hat er zunächst einen Widerwillen gegen sich selber bekommen, eine heilsame Hygiene, die ich auch durchgemacht habe, und dann hat er schließlich begriffen, daß man auf andere Weise sehen und verstehen kann, und nun kann etwas aus ihm werden. Er bezeugt mir eine schmeichelhafte Dankbarkeit ...

Ich verlasse Dich, es ist an der Zeit.

Ich umarme Dich von ganzem Herzen, wie ich Dich lieb habe.

Dein getreuer Sohn

Antoine

Meine arme, kleine Mama

Ich bin gräßlich beunruhigt, über das, was Didi mir schreibt; an etwas so Ernstes hatte ich gar nicht gedacht, möchtest Du, daß ich kommen soll? Ich kann Samstag abfahren, zumal ich meine Stellung aufgeben und wieder bei meinem Versicherungsmann eintreten möchte; auch müßte ich ein paar Tage in Lyon verbringen, um ein Geschäft zuwege zu bringen.
Wie ist denn diese Krankheit so brutal zum Ausbruch gekommen? [60]
Wenn Du willst, daß ich kommen soll, brauchst Du mir nur ein Wort zu schreiben. Biches Chamäleon werde ich ihr auf jeden Fall Samstag schicken, falls ich es nicht selber mitbringe.
Ich verlasse Dich, meine kleine Mama, und umarme Dich, so stark ich kann, ebenso wie Mimma, Didi und Simone.

Antoine

Meine kleine Mama

Ich erhielt Deinen etwas beruhigenden Brief. Am gleichen Abend, an dem mir Simone gerade die schlechten Nachrichten telefoniert hatte. Ich wollte Dir telegrafieren. Doch ich bin nun etwas weniger besorgt, glücklicherweise.
Wann meinst Du denn, meine arme kleine Mama, daß Du Dich etwas ausruhen kannst? Könntest Du nicht nach Agay fahren oder einige Tage hierher kommen? Das Wetter ist nicht sehr schön, aber immerhin.

Ich schreibe Dir aus meinem Büro. Ich durchstöbere die Akten meiner zukünftigen Kunden. Im Laufe des Monats werde ich nach Montluçon fahren und auch die ganze Gegend dort besuchen.

Hoffentlich habe ich geschäftlichen Erfolg. In meinem Betrieb ist man reizend zu mir, und wenn ich nur wüßte, daß Du etwas ruhiger bist und daß es Mimma besser geht, wäre ich restlos glücklich. Doch es ist zu traurig, Dich in solchen Sorgen zu wissen.

Am Sonntag habe ich in Orly geflogen (und bin seitdem auf einem Ohr etwas taub. Allmählich gibt sich das aber). Wenn ich erst reich bin, werde ich ein kleines eigenes Flugzeug haben und Dich damit in Saint-Raphael besuchen.

Gestern abend Diner bei den Jacques'. Sie haben ein goldenes Herz. Ein Russe zog dort Karten für mich und sagte mir eine nahe bevorstehende Hochzeit mit einer jungen Witwe voraus, die ich im Laufe der nächsten acht Tage kennenlernen soll. So bin ich nun äußerst gespannt!

Auf Wiedersehen, meine kleine Mama, ich umarme Dich von ganzem Herzen, so wie ich Dich lieb habe, wie auch Mimma.

Dein getreuer Sohn

Antoine

Paris, Boulevard Ornano 70 a, 1924

Meine kleine Mama

So bin ich nun sehr zufrieden. Ich habe entschieden einen
sehr schönen Posten in Aussicht. Ich habe die Akten der drei
mir zugeteilten Departements (Allier, Cher, Creuse) durchge-
arbeitet, und die Saurer-Wagen werden dort sehr geschätzt.
Das paßt mir gut in den Kram. [61]
Endlich geht nun meine Ausbildung zu Ende, die nicht langweilig, aber ermüdend und zeitraubend ist. Von morgen ab
werde ich in eine letzte Abteilung (Reparaturen und Kunden-
dienst) versetzt; mit dem ganzen Betrieb und auch meinen
Kameraden, den Vertretern, die reizend und gefällig sind,
stehe ich mich ausgezeichnet.
Schließlich bin ich nun meine Existenzsorgen los. Ich habe
den kleinen, ganz kleinen Wunsch, zu heiraten, aber ich
weiß nicht wen. Und dann verfüge ich über einen großen
Vorrat an Vaterliebe. Ich hätte gern kleine Antoines ...
Auf jeden Fall: wenn ich ein junges Mädchen finden sollte,
das der Mühe wert ist, so habe ich jetzt eine Stellung, die es
mir erlaubt, um sie anzuhalten.
Gesundheitlich geht es mir wie dem Pont Neuf. In dieser
Hinsicht war meine Ausbildung eine Kur. Für ein Büro von
zwei Quadratmetern war ich nicht geschaffen.
Mama, ich habe auch eine Freude im Leben: meine Freunde
sind so famos zu mir, wie Du Dir's nicht vorstellen kannst.
Ihre Sympathie ist im Augenblick epidemisch. Bonnevie läßt
ständig von sich hören. Aus Sallès' Briefen spricht eine so
tiefe Freundschaft, daß ich gerührt bin. Ségogne ist ein Engel.
Die Schwestern Saussine sind Schutzengel [62], von Yvonne
und Mapie gar nicht zu reden ...

Ich umarme Dich

Antoine

Liebe alte Didi

Dank für das Foto, das mir Simone heute früh gebracht hat. Es erheitert etwas mein Hotelzimmer. Hoffentlich kann ich Dir später das gleiche Geschenk machen. Ich hätte ziemlich Lust, zu heiraten und ebenso reizende Kinder zu bekommen wie Deins. Aber dazu gehören zwei, und ich habe bisher nur eine einzige Frau kennengelernt, die mir gefiel.

Ich bin sehr zufrieden mit meiner Fabrik und sie mit mir. Falls ich einige Lastwagen verkaufe, werde ich diesen Sommer mit dem Auto nach Agay kommen und dort ein paar Tage verbringen. Ich kann Dich dann etwas in der Provence spazierenfahren. Ich werde mit einem Citroën anfangen, aber das erste Geld, das ich einnehme, dazu verwenden, um ihn gegen einen schnellen Wagen umzutauschen: vielleicht wird mich das etwas über das Fliegen trösten.

Ich habe wieder Hoffnung auf eine kleine Wohnung. In diesem Fall wäre es unverzeihlich, wenn Du nicht mit Deinem Mann und Deinem Sohn einige Tage nach Paris kämst ...

Verzeih mir bitte, daß ich Dir nicht häufiger schreibe, aber Du bist derart fern. Ich kenne weder Dein Haus noch Dein Leben noch (kaum) Deinen Sohn. – Ich habe Dich in zwei Jahren acht Tage lang gesehn ...

Da herrscht natürlich nicht mehr die gleiche Vertraulichkeit. Aber trotzdem habe ich Dich von ganzem Herzen lieb.

Simone kam ganz verliebt in Deinen Sohn zurück. Ich gab ihr zu bedenken, daß er noch recht jung ist und daß es sich überdies zwischen Tante und Neffen nicht schickte ...

... Simone interessiert sich leidenschaftlich für mittelalterliche Manuskripte. Sie arbeitet wie ein Neger. Sie bleibt sich immer gleich, die Kleine.

Ich selber fahre im Laufe der Woche für vierzehn Tage nach Norden, um mich im Bezirk eines Kameraden besser mit meiner Tätigkeit vertraut zu machen. Wir werden täglich 150 Kilometer im Auto fahren. Das verspricht, nicht langweilig zu werden.

Ich führe ein philosophisches Leben. Ich sehe meine Freunde so oft wie möglich. Ich habe ganz prächtige. Das ist mir ein Trost.

Und ich warte darauf, einem kleinen Mädchen zu begegnen, das recht hübsch sein muß und recht klug und voller Charme und heiter und ausruhend und treu und ... dann werde ich keins finden.

Und so mache ich eintönig all den Colettes, den Paulettes, den Suzys, den Daisys, den Gabys den Hof, die in Serien produziert werden und mit denen man sich nach zwei Stunden langweilt. Sie sind Wartesäle.

So ist das ...

Auf Wiedersehn, Diche. Ich umarme Dich sehr.

Dein alter Bruder

Antoine

Paris, 1924

Meine kleine Mama

Nun bin ich wieder in Paris, Boulevard Ornano 70 a. Als ich durch Mountluçon kam, fand ich Deine beiden Briefe vor, die dort auf mich warteten. Du bist eine famose kleine Mama. Ich möchte ein Sohn sein wie Du.

Meine kleine Mama, als ich auf meiner schweigsamen Reise – vierzehn Tage war ich ganz allein – Station machte, um meine postlagernden Briefe abzuholen, glaubte ich nicht, daß mir irgendein Brief soviel Freude machen könnte wie die Deinen. Ich las sie in einem kleinen Provinzrestaurant zwischen zwei Zügen. Mama, ich muß Dir sagen, wie ich Dich bewundere und Dich lieb habe, wenn ich's auch wenig und schlecht ausdrücke. Solch eine Liebe wie die Deine gewährt eine große Sicherheit, und ich glaube, man braucht lange Zeit, um sie zu verstehen. Mama, es ist nötig, daß ich Dich täglich besser verstehe und daß Dir Dein Leben vergolten wird, das um unseretwillen gelebt wurde. Ich habe Dich viel zu oft allein gelassen. Ich muß zu einem großen Freund für Dich werden.

Ich sah zahllose Provinzstädtchen mit winzigen Bähnchen und kleinen Cafés, in denen man Manille spielte. Sallès besuchte mich am Sonntag in Montluçon; welch eine brave, alte Haut! Wir waren zusammen auf dem wöchentlichen Tanzabend, einem Provinzball, wo die Familienmütter um ihre „Fräulein Töchter", die in Rosa oder Blau mit den Söhnen der Weinhändler tanzten, ein Karree bildeten. Ich machte die Bekanntschaft eines braven Violinisten, der früher im Orchester Colonne spielte, aber jetzt ganz still in Montluçon arbeitet. Er bezauberte Sallès und mich.

Ich lernte auch einen jener Typen kennen, die sich wegen eines Trauerfalles in die Provinz zurückgezogen haben, nichts mehr tun, nichts mehr lesen. S. pflegte sie Selbstmörder zu nennen. Wir spielten zusammen Schach, und er nahm mich in sein Haus mit, wo eine heillose Unordnung herrschte. Schade, die Bilder, die er malte, waren nicht übel. Und wie steht es mit Deinen?

Ich umarme Dich sehr, Mama, kommst Du mich besuchen?

Antoine

Meine kleine Mama

Nun bin ich hier in der lieblichen Stadt Montluçon. Einer Stadt, die ich um neun Uhr abends schlafend antraf. Morgen fange ich mit der Arbeit an, ich hoffe, es klappt einigermaßen, obwohl die Geschäfte etwas stagnieren.

Du mußt mir nicht allzu böse sein wegen meines Briefes an Didi; als ich ihn schrieb, war ich tief niedergeschlagen. Was die Frauen angeht, von denen Du mir sprichst, so steht es mit ihnen wie mit den Freunden. Ich kann es nicht mehr ertragen, wenn ich bei einem Menschen nicht das finde, was ich suche, und ich bin stets enttäuscht, sobald ich herausgefunden habe, daß eine Mentalität, die mir interessant vorkam, bloß einen leicht durchschaubaren Mechanismus darstellt; dann bin ich angewidert. Und ich bin böse auf den Betreffenden. Mit einem Haufen Leute will ich nichts mehr zu tun haben, das ist stärker als ich. Im kleinen Salon dieses kleinen Provinzhotels habe ich einen großartigen Gecken vor mir, der hochtrabende Reden führt: einen waschechten Großgrundbesitzer, wie mir scheint. Er ist albern und sinnlos und macht Lärm. Ich kann solche Burschen nicht mehr ausstehn; falls ich eine Frau heiraten sollte, bei der ich später entdecke, daß sie derartige Leute schätzt, wäre ich der unglücklichste Mensch von der Welt.

Sie darf nur die gescheiten Leute gern haben. Es ist mir jetzt nicht mehr möglich, bei den Y. und Co. zu verkehren; ich kann dort nicht mehr den Mund auftun. Ich brauche Menschen, die mich etwas lehren.

Was ich Dir über X sagte, kann Dir doch keinen Kummer gemacht haben. Ich habe gar nichts übrig für diese Pseudo-Kultiviertheit, für diese Manie, überall nach unechten Vorwänden für Gefühlsergüsse zu suchen, für all diese gemütvollen Gemeinplätze, aus denen keinerlei wirkliche und nahrhafte

Wißbegierde spricht. Nie erinnern sie sich an ein Buch oder ein Erlebnis, außer wenn es frappiert oder sich stilisieren läßt. Ich liebe diese Leute nicht, die ritterliche Empfindungen hegen, wenn sie sich auf einem Maskenball als Musketiere kostümieren.

Mama, ich habe Freunde, die mich weit besser kennen als jene und die mich wirklich gern haben und denen ich das vergelte. Es ist gewiß ein Beweis, daß ich zu etwas tauge. In der Familie gelte ich immer noch als ein oberflächliches, geschwätziges, genußsüchtiges Geschöpf; ich, der ich doch sogar in Vergnügungen immer nur etwas lernen möchte; der ich die Hornissen der Nachtlokale nicht ausstehn kann und fast nie mehr den Mund auftue, weil mich die sinnlosen Unterhaltungen anöden. Ich möchte solche Leute nicht einmal eines Besseren belehren; das ist ganz überflüssig.

Ich bin so verschieden von dem, was ich sein könnte. Es genügt mir, daß Du das weißt und mich etwas schätzt. Du hast meinen Brief an Didi falsch verstanden. Es sprach Abscheu daraus und kein Zynismus. Wenn man müde ist, wird man so am Abend. Jeden Abend ziehe ich die Bilanz meines Tages: ob er als persönliche Erziehung unfruchtbar war, ob ich gegen die Menschen häßlich gewesen bin, die ihn mir verdorben haben und in die ich Vertrauen setzen konnte.

Du mußt mir nicht böse sein, weil ich fast nicht mehr schreibe. Das alltägliche Leben ist ja so unwichtig und gleicht sich so sehr. Das innere Leben ist schwer in Worte zu fassen, es besteht da eine gewisse Scham. Es ist so anmaßend, davon zu reden. Du kannst Dir nicht vorstellen, wie sehr das die einzige Sache ist, die für mich zählt; alle Werte werden dadurch verändert, sogar in den Urteilen über andere. Ein „guter" Kerl sagt mir nichts, wenn er bloß leicht gerührt ist. Will man wissen, wie ich bin, muß man mich in dem suchen, was ich schreibe und was das gewissenhafte und durchdachte Ergebnis meiner Gedanken und Beobachtungen darstellt. Da: in der Ruhe meiner Stube oder eines Bistros, kann ich mich so recht mir selber gegenübersetzen, kann jede billige Formulierung, jede literarische Mogelei vermeiden und mich mühsam ausdrücken. Da habe ich dann ein ehrliches und verantwortungsbewußtes Gefühl. Alles ist mir unerträglich, was nur frappieren soll und die Blickrichtung verfälscht, um auf die Fantasie einzuwirken. Viele Autoren, die ich gern hatte, weil sie mir ein allzu billiges geistiges Vergnügen verschaffen – wie Caféhausmelodien, die einem auf die Nerven gehen –, verabscheue ich ehrlich. Du kannst wirklich nicht mehr von mir verlangen, daß ich am Neujahrstag Neujahrsbriefe schreiben soll.

Mama, ich bin eher hart gegen mich selber und habe doch wohl das Recht, bei den anderen abzulehnen, was ich bei mir selber ablehne oder korrigiere. Ich bin jetzt ganz frei von jeder gedanklichen Koketterie, die bewirkt, daß man sich selber zwischenschaltet bei dem, was man sieht und schreibt. Wie soll ich denn schreiben, daß ich ein Bad genommen ... oder bei den Jacques' diniert habe! In dieser Hinsicht ist mir alles so gleichgültig.

Ich liebe Dich wirklich aus tiefstem Herzen, meine kleine Mama. Verzeih mir bitte, daß ich nicht leicht an die Oberfläche komme und ganz innen drin bleibe. Man ist eben so, wie man kann, und manchmal ist das sogar etwas sauer. Es gibt nur recht wenige Menschen, die sagen könnten, daß ich sie wirklich ins Vertrauen gezogen habe und daß sie mich auch nur ein bißchen kennen. Du bist wirklich der Mensch, der immer am meisten davon erfahren hat, und Du kennst auch etwas die andere Seite dieses geschwätzigen und oberflächlichen Burschen, wie ich ihn gegenüber Y herauskehre ... Denn es ist fast ein Mangel an Würde, wenn man sich allen Leuten hingibt. Ich umarme Dich aus tiefstem Herzen, Mama.

Antoine

Meine kleine Mama

Ich habe erfrorene Finger vom Chauffieren. Es ist Mitternacht. Ich habe gerade meinen Hut aufs Bett geworfen und spüre meine ganze Einsamkeit. Ich fand Deine Zeilen vor, als ich heimkam. Sie leisten mir Gesellschaft. Du kannst Dir sagen, Mama: selbst wenn man nicht schreibt, selbst wenn man ein böser Junge ist, geht doch nichts über Deine Zärtlichkeit. Aber das sind Dinge, die sich nicht ausdrücken lassen und die ich niemals aussprechen konnte, aber es steckt so tief drinnen, es ist so gewiß, so beständig. Ich habe Dich so lieb, wie ich nie jemanden lieb gehabt habe.

Ich war mit Ascot im Kino. Ein schlechter Film mit geschwindelten Gefühlen, ohne untergründigen Zusammenhang. So was widert mich an, wie auch allein schon die Begegnung mit einer Menschenmenge am Abend, aber es geschieht, weil ich allein bin.

Ich kampiere nur kurz in Paris wegen eines Ärgers mit dem Wagen. Meine Ankunft erinnert etwas an die Rückkehr eines Forschers aus Afrika. Ich rufe diesen und jenen an. Ich gehe meine Freundschaften durch. Der eine ist verabredet, der andere nicht zu Hause. Ihr Leben geht weiter seinen Gang, ich komme aus der Ferne. Da melde ich mich bei Ascot, der ein einsames Leben führt, und so gehen wir zusammen ins Kino. Das ist alles.

Mama, das ist es, was ich von einer Frau verlange: Daß sie diese Unruhe stillt. Danach habe ich ein so großes Bedürfnis. Du kannst Dir nicht vorstellen, wie schwerfällig ich bin und wie ich meine Jugend als nutzlos empfinde. Du kannst Dir nicht vorstellen, was eine Frau mir zu geben vermag, was sie mir geben könnte.

Ich bin zu allein in dieser Stube.

Glaube nicht, Mama, daß mein Trübsinn unüberwindlich

wäre. Das ist immer so, wenn ich die Tür aufmache, meinen Hut hinwerfe und spüre, daß ein Tag zu Ende ist, der mir zwischen den Fingern zerrann.

Wenn ich täglich schreiben würde, wäre ich glücklich, denn dann bliebe etwas zurück.

Nichts wundert mich so sehr, als wenn ich sagen höre: „Wie jung Du noch bist!", denn ich habe ein solches Bedürfnis danach, jung zu sein.

Nur liebe ich nicht die Menschen, die das Glück satt gemacht hat wie S. und die sich nicht mehr entwickeln werden. Man muß etwas unruhig sein, um rings um sich her Dinge wahrnehmen zu können. So habe ich Angst vor der Ehe. Das hängt von der Frau ab.

Eine Menschenmenge, an der man entlanggeht, ist immerhin voller Verheißungen. Aber sie entschlüpft einem, und außerdem setzt sich die Frau, die man braucht, aus zwanzig Frauen zusammen. Ich verlange zuviel von ihr, um nicht sofort zu ersticken.

Draußen herrscht eine eisige Kälte. Das Licht auf den Fensterscheiben ist hart. Man könnte, glaube ich, aus solchen Straßenimpressionen einen recht schönen Film machen. Diese Filmleute sind Schwachköpfe. Sie können nicht sehen. Sie begreifen nicht einmal ihre Begeisterung. Wenn ich daran denke, daß man zehn Gesichter, zehn Bewegungen festhalten muß, um dichte Eindrücke wiedergeben zu können: doch sie sind unfähig zu solch einer Synthese und produzieren Fotografien.

Mama, ich hätte gern Mut zum Arbeiten. Ich habe vieles zu sagen. Nur werfe ich am Abend den Ballast des Tages ab und schlafe.

Ich werde bald wieder abfahren, ich weiß noch nicht wann, vielleicht tausche ich den Wagen um. Ich umarme Dich sehr zärtlich. Ich bin nicht „zwischen den Wassern", aber Du kannst mich gleichwohl segnen.

Antoine

Meine kleine Mama

Ich bat Dich um Geld, denn es verdrießt mich wahrhaftig, daß ich im Augenblick der Abreise ohne einen Sou bin. Ich bat Dich auch, jetzt nicht zu kommen, denn es wäre zu dumm, wenn wir uns verfehlten.

Aber tu doch folgendes in vierzehn Tagen: versieh Dich mit Pastellstiften und unberührter Leinwand, triff mich in Toulouse, bewaffne Dich auch mit einem dicken Schal und einem Muff. Ich bringe Dich dann nach Alicante, einem fernen Örtchen in Spanien (man braucht acht Tage, um es auf dem Landwege zu erreichen). Dort werde ich Dich in der Pension der Flieger oder einer anderen entsprechenden unterbringen, zu der ich Dich einlade. Du kannst Dich dort vierzehn Tage in der Sonne ausruhen und hübsche Sonnenuntergänge über dem Meer malen. Alle drei Tage werde ich den Nachmittag mit Dir verbringen, und sobald Du eines Tages genug davon hast, bringe ich Dich wieder nach Frankreich. Laß Dir schon gleich einen Paß für Spanien ausstellen (wende Dich ans Bürgermeisteramt).

Ich langweile mich etwas, davon abgesehen, geht es mir gut. Ich umarme Dich sehr zärtlich, so wie ich Dich lieb habe.

Antoine

Meine kleine Mama

Ich entschwinde in diesen Tagen nach Marokko, komm also nicht, ich kann morgen ohne Vorankündigung abfliegen oder irgendwann sonst.

Ich habe tausend Francs geliehen, aber ich hatte große Ausgaben. Miete, die ich im voraus bezahlen muß, Flugausrüstung usw. Könntest Du mir telegrafisch tausend Francs überweisen? Ich zahle sie Dir Ende des nächsten Monats zurück (ich erhalte diesen Winter viertausend Francs monatlich). Wenn es nicht geht, schick so viel Du kannst. Es ist möglich, daß ich schon ab morgen unterwegs bin. Vielleicht auch erst in fünf oder sechs Tagen, aber man hat mich benachrichtigt, daß ich mich bereithalten soll. Und mit den hundert Francs, die mir noch bleiben, wäre ich in Marokko arg in der Klemme ...

Ich habe ausgezeichnete Probeflüge gemacht und fliege im Augenblick die Maschinen in Toulouse ein. Die Kameraden sind reizend und geistreich.

Ich werde Dir morgen einen langen Brief schreiben, denn ich bin sehr müde. Ich bin viel geflogen. Ich habe hier fünf Minuten Station gemacht, um Dir diese Zeilen zu schreiben, denn der Gedanke, ohne Geld abzufliegen, entsetzt mich etwas. Ich glaubte, ich würde noch einen Monat hier bleiben. Ich umarme Dich sehr zärtlich.

Auf Morgen

Antoine

Meine kleine Mama

Ich starte im Morgengrauen nach Dakar, ich bin sehr glücklich. Ich bin Pilot einer Maschine bis Agadir und fliege von dort als Passagier weiter. Ich schrieb Dir zwei Briefe ohne Antwort, aber hoffe, Du hast mir dorthin geschrieben. Dein Brief wird mich dann empfangen ... Es ist eine kleine Reise von 5000 Kilometern ...

Meine kleine Mama, ich bin recht traurig, Dich zu verlassen, aber, siehst Du, ich bin dabei, mir eine solide Position zu schaffen. Hoffentlich kehre ich als heiratsfähiger Mann zu Dir zurück. Auf jeden Fall komme ich in ein paar Monaten auf Urlaub und kann Dich dann endlich zum Mittagessen einladen.

Meine kleine Mama, ich verlasse Dich. Ich habe starke Kopfschmerzen, und all diese Kisten, diese Koffer, die ich noch packen muß, hemmen meine Fantasie.

Schick mir doch einige Bücher, wenn Du was Schönes liest. Ich habe wieder zu schreiben angefangen und werde die Nouvelle Revue Française etwas schicken.

Ich umarme Dich zärtlich, meine kleine Mama, so wie ich Dich lieb habe.

Dein getreuer Sohn

Antoine

Meine kleine Mama

Hier bin ich in Dakar, so glücklich über diese Reise. Ich habe
schreckliche Mauren von nahem gesehen ... Sie sind blau ge-
kleidet, mit einem gewaltigen lockigen Haarschopf, einer tol-
len Allüre! Sie kommen nach Juby, nach Agadir, nach Villa
Cisneros, um sich die Flugzeuge aus der Nähe zu besehen. Sie
bleiben dort stundenlang, schweigend. Die Reise ist gut ver-
laufen, abgesehen von einer Notlandung in der Wüste. Ein
Kamerad kam uns abholen, und dann übernachteten wir in
einem kleinen französischen Fort, das von aller Welt abge-
schieden ist; der Sergeant, der dort den Befehl führte, hatte
seit Monaten keinen Weißen gesehen! Ich schicke Dir nur
diese paar Worte. Die Post geht sofort ab, und sonst müßte
ich acht Tage warten. Dakar ist ziemlich häßlich, aber die üb-
rige Strecke ist ganz wunderbar.
Ich umarme Dich sehr zärtlich. Ich schreibe Dir mit jeder
Post. Ich befliege die Strecke erst ab 24. und werde versuchen
Bekanntschaften zu schließen.

Dein getreuer Sohn

Antoine

Meine kleine Mama

Ich starte erst am 24. mit dem Kurierflugzeug. Bis dahin
führe ich in Dakar ein passives Leben. Ich werde so ziemlich
überall eingeladen und ... man erreicht sogar, daß ich tanze!
Ich mußte erst nach Senegal kommen, um auszugehen.
Die Hitze hier ist ganz erträglich; aber ich ziehe selbst die

Kälte in Frankreich dieser sonderbaren Temperatur vor, in der man schwitzt, ohne daß einem zu heiß wäre, und nie weiß, ob man etwas anziehen soll oder nicht. Im übrigen könnte es mir nicht besser gehen.

Ich habe seit einem Monat nichts von Dir erhalten. Und doch schreibe ich häufig, und das schmerzt mich. Ein Wort von Dir hätte mich so gut hier empfangen, denn Du bist, meine kleine Mama, die große Liebe meines Herzens. Wenn ich fern bin, erkenne ich nämlich besser, welche Freundschaften für mich eine Zuflucht bedeuten, und ein Wort von Dir, ein Andenken an Dich, kurieren meine Melancholie.

Dein dunkles Pastell steht auf meinem Tisch, der Zweig des Nußbaums, der noch kein Zweig ist und dessen Licht mich bezaubert, und auch Dein Foto mit dem leicht geneigten Gesicht, so wie ich es kenne. Und alle Deine Briefe aus den letzten drei Jahren sind in einer Schublade. Ich schreibe stets: nachsenden nach Saint-Maurice, da ich Deine Adresse nicht weiß. Hoffentlich ergibt das keine große Verzögerung, könntest Du sie mir nicht mitteilen? Mit dem Schiff dauert es endlos. Schreibe: „Fluglinie Latécoère, Toulouse, nachsenden ...", es sei denn, Du willst mir ein Paket schicken. In diesem Fall adressiere bitte nach Dakar mit Luftpost, nachdem Du in der Post den Tarif festgestellt hast, denn ich weiß nicht, ob Toulouse gratis ein Paket nachschicken würde.

Berichte mir von der Familie (meiner Familie), von meinen Schwestern.

Ich umarme Dich sehr zärtlich, so wie ich Dich lieb habe.

Antoine

Meine kleine Mama
Meine süße Didi
Mein teurer Pierre

Ich sende Euch einen Kollektivbrief, denn nichts ist so süß
wie der Schoß der Familie. Ich sende einen Brief an den
Schoß der Familie.

Ich habe nach einer Notlandung bei den Senegalnegern übernachtet. Ich schenkte ihnen Marmelade, was sie sehr er-
staunte. Sie hatten noch nie Europäer oder Marmelade
gesehen. Als ich mich auf meiner Strohmatte ausgestreckt
hatte, stattete mir das ganze Dorf einen Besuch ab. Ich hatte
dreißig Personen gleichzeitig in meiner Hütte, die mich be-
trachteten. Um drei Uhr früh brach ich wieder auf, im
Mondschein zu Pferde, mit zwei Führern. Das sah einigermaßen nach einer „Forschungsreise" aus.

Didi und Pierre, richtet einen Eurer Brutapparate her. Ich
denke, daß ich Euch in vierzehn Tagen Straußeneier mit
Luftpost schicken kann. So ein Strauß ist was ganz Allerlieb-
stes und auch leicht zu ernähren: mit Uhren, Silbersachen,
Glasscherben, Perlmutterknöpfen; alles, was glänzt, wird ver-
schlungen.

Mama, was bedeutet denn das, dieses spiritistische Ammen-
märchen? Was soll ich denn auf dem Motorrad in der Sahara
anfangen?[64] Du hast keine rechte Vorstellung, wie es da aussieht; sie hat nur sehr wenig Ähnlichkeit mit dem Bois de
Boulogne. Unter allen Albernheiten ist der Spiritismus das
Letzte; ich möchte nicht, daß Dich diese Albernheit aufregt.
Vielen Dank für Dein Buch.

Ich umarme Euch, so wie ich Euch immer lieb habe.

Antoine

Meine kleine Mama

Ich vermute Dich in Saint-Maurice, ohne es genau zu wissen. Ich würde Dich gern wiedersehn. Ich habe etwas Heimweh, aber wann wird Dir das möglich sein?

Die Temperatur in Dakar ist immer noch erträglich, und ich bin wohlauf. Die Flugreisen finden weiter in regelmäßigen Abständen statt, aber das sind die einzigen Augenblicke, die Abwechslung in mein Leben hineinbringen. Dakar ist der bürgerlichste aller Provinzorte.

Wie geht es Dir? Es tut gut, eine reizende Familie, einen Neffen und Dich zu haben. Hier sind die Leute derart bedrückkend, denken an nichts, sind weder traurig noch zufrieden. Der Senegal hat sich innerlich ausgelaugt. Und so träume ich von Menschen, die an etwas denken und Freuden, Leiden, Freundschaften haben.

Hier herrscht eine so sauertöpfische Mentalität.

Es ist ein sehr enttäuschendes Land, ohne Spannweite, ohne Vergangenheit, ohne Haltung, ein törichtes Land. Träume nicht vom Senegal!

Es gibt so gar keine Stunde des Tages, die angenehm ist. Kein Morgenrot, keine Abenddämmerung ... ein drückender Tag, Grau in Grau, und dann, ohne Übergang, die feuchte Nacht. Und in der Gesellschaft Klatscherei, schlimmer als in Lyon.

Ich verlasse Dich. Ich bringe jetzt diesen Brief zur Post.

Ich umarme Dich, so wie ich Dich lieb habe.

Dein getreuer Sohn

Antoine

Meine kleine Mama

Ich erhielt ein Wort von Dir, aber ohne Adresse. Ich habe nicht viel zu erzählen, außer daß ich tanze wie ein kleiner Gigolo und daß ich selber diesen Brief morgen nach Juby bringe.

Dakar bleibt sich immer gleich. Es hat sich bestimmt nicht gelohnt, daß man mitten in den Tropen auf die Suche ging nach einer farblosen Lyoneser Vorstadt ...

Hoffentlich kann ich aber nach meiner Rückkehr aus Juby mit einem Kameraden eine kleine Expedition ins Innere unternehmen und auf Krokodiljagd gehen. Das wäre ganz lustig.

Doch der Beruf ist mein größter Trost.

Ich schreibe eine große Sache für die N.R.F. [64], aber verheddere mich etwas in meinem Thema. Sobald ich's fertig habe, schicke ich's Dir, um Deine Meinung zu hören.

Ich schreibe Dir nur ein paar Worte, da es mir völlig an Fantasie fehlt. In diesem Lande gedeiht nichts. Man hat nicht einmal das Gefühl, weit weg zu sein. Aber ich möchte, daß Du regelmäßig von mir hörst.

Ich umarme Dich zärtlich, so wie ich Dich lieb habe.

Antoine

Meine kleine Mama

Dieses wöchentliche Briefchen dient zu Deiner Beruhigung. Ich bin glücklich und wohlauf. Und es soll Dir auch meine ganze zärtliche Liebe sagen, meine kleine Mama; Du bist das Allerliebste auf der Welt, und ich bin so besorgt, weil Du mir diese Woche nicht geschrieben hast.

Meine arme kleine Mama, Du bist sehr weit fort. Und ich denke an Deine Einsamkeit. Ich wüßte Dich so gern in Agay. Wenn ich erst heimkomme, kann ich ein Sohn für Dich sein, wie es mein Traum ist, und Dich zum Diner einladen und Dir so viele kleine Freuden machen; denn als Du nach Toulouse kamst, empfand ich solche Trauer und solche Scham, weil ich nichts für Dich tun konnte, daß ich ganz bekümmert und mürrisch wurde und nicht zärtlich sein konnte.

Aber Du kannst Dir sagen, meine kleine Mama, daß Du mein Leben mit freundlichen Dingen bevölkert hast, wie das niemand anders fertiggebracht hätte. Und daß Du die „erfrischendste" meiner Erinnerungen bist, die am meisten in mir wachruft. Und der geringste Gegenstand, der Dir gehört, wärmt mich innerlich: Dein Schal, Deine Handschuhe – sie behüten mein Herz.

Sage Dir auch, daß ich ein wunderbares Leben lebe. Ich umarme Dich zärtlich.

Antoine

Meine kleine Mama

Ich hoffe, daß Du jetzt in der Provence bist, und ich bin darüber so glücklich für Dich.

Ich bin glücklich wie ein Papst in diesem Lande und schicke Dir ein kleines Foto, auf dem ich sanft, schüchtern und charmant wirke. Ich sehe aus wie eine Jungfrau.

Dakar ist ein elendes Loch, und alle Leute erzählen mir heute abend, daß ich verlobt bin.

Ich war der einzige, der nichts davon wußte, aber man kann mit keiner Dame ausgehen, ohne ihr Geliebter zu sein, und mit keinem jungen Mädchen, ohne ihr Verlobter zu sein. Das geht einem etwas auf die Nerven.

Ich erhielt eine Benachrichtigung, daß ein Paket von Dir eingetroffen ist. Du bist ein Schatz. Ich schreibe Dir, bevor ich es geöffnet habe, denn die Post geht morgen ab.

Ich umarme Dich sehr zärtlich, so wie ich Dich liebhabe.

Antoine

Juby, 1927

Meine kleine Mama

Stell Dir vor, daß ich nur einige Stunden vor meiner Abreise davon unterrichtet wurde und daß ich in der Aufregung des Kofferpackens keine Zeit zum Schreiben hatte.

Ich bin zur Zeit Kommandant des Flugplatzes in Cap Juby, wo ich ein mönchisches Leben führe.[66] Ich bin wohlauf. Ich muß einige Maschinen einfliegen und viele Papiere ausfüllen. Für meine Rekonvaleszenz ist das durchaus die angemessene Beschäftigung.

Gestern unternahm ich eine topografische Erkundung des Geländes. Da dieses nicht unterworfen ist, begleitet mich eine Ehrengarde befreundeter maurischer Häuptlinge. Ich hoffe, ich werde etwas spazierengehen können, sobald ich Bekanntschaften gemacht habe, die mir Schutz gewähren. Im Augenblick fahre ich etwas Boot, atme die reine Meeresluft und spiele Schach mit den Spaniern, die ich durch meine blendenden Empfehlungen erobert habe.

Wie geht's Dir? Bist Du in Combles?[67] Ich umarme Dich zärtlich, so wie ich Dich liebhabe.

Antoine

Juby, 1927

Lieber alter Bruder[68]

Ich habe im Meer gebadet. Dadurch mußte ich an Dich, an Didi, an Agay und an Frankreich denken, denn ich bin stets Patriot. Und da ich mich heute abend langweile wie eine Jungfrau – Du kannst Dir vorstellen! –, schreibe ich Dir. Da ich auf den Wogen und Wellen des Meeres schwamm, wurde mein Seelenzustand dadurch verschwommen.[69] (Nein, durch solch eine Kleinigkeit sind meine Fähigkeiten noch nicht erschöpft. Ich kann noch viel Derartiges produzieren.) Es gab dort auch Medusen, so groß wie Badewannen, aber glücklicherweise ist ihre Initiative nicht groß.

Mein Bad war unfreiwillig. Ich wollte Boot fahren und über die Ruderpinne springen – ein edler Ehrgeiz. Aber ich fand mich unter dem Boot wieder. Und auch unter der Ruderpinne.

Es wird hier viel Ulk getrieben. Man wohnt in einem am Strand erbauten spanischen Fort und kann gefahrlos bis zum Meer gehen. Diesen Spaziergang mache ich mehrmals täglich. Wenn Du Dich aber mehr als zwanzig Meter vorwagst, empfangen Dich Flintenschüsse. Und wenn Du fünfzig Meter überschreitest, läßt man Dich Deinen Vorfahren nachfolgen oder führt Dich in die Sklaverei ab; das kommt auf die Jahreszeit an. Im Frühjahr, und wenn Du niedlich aussiehst, hast Du Chancen, Sultan zu werden. Das ist immer noch besser, als tot zu sein. Du hast auch Chancen, Ober-Eunuch zu werden. Das ist schon lästiger.

Wäre ich vor vierzehn Tagen in Juby gewesen, wäre ich der Stolz der Familie. Meine Kameraden, die zugegen waren, haben damals Reisende gerettet. Meine Equipe befand sich leider in Dakar, denn wir langweilen uns hier abwechselnd. Und als wir eintrafen, war es zu Ende.

Gestern abend erlebte ich eine kleine Aufregung. Es war eine rabenschwarze Nacht. Eine jener Nächte, von denen die Heilige Schrift im Kapitel über die Sintflut spricht. Es blies ein Sandsturm und, wie Ponson du Terrail[70] so treffend sagen würde: „Das Heulen des Windes antwortete den Klagegesängen der Fluten." Gerade da hatten nun meine Mahlzeiten vom Tage zuvor ihre kleine Wanderung beendet und verlangten nach ihrer Befreiung. Da es in Juby nur den Hof des Forts oder die Sahara als W. C. gibt, entschied ich mich für die Sahara und ging hinaus (denn wir hausen in einem kleinen, selbständigen Gebäude).

Übrigens ist das verboten.

Ich vermischte also meine bescheidene Stimme mit der großen Stimme des Sturms, als ich Schritte hörte. Ich konnte nicht zwei Meter weit sehen. Wie es wiederum Ponson du Terrail im Kapitel über die Vergewaltigung der Marquise so kraftvoll ausdrücken würde, kreiste mein Blut nur ein einziges Mal und erstarrte alsbald in meinen Adern.

Es war schon vorgekommen, daß ich hinausging, aber stets in Begleitung von zwei Nachtwächtern. Ich gesellte schnell den meinen hinzu, und dann gingen wir wieder heim. Doch diesmal hatte ich nicht einmal meinen Revolver bei mir. Ich brachte meine bescheidene Stimme zum Schweigen und zog mich ganz sachte im Krebsgang zurück.

Und in diesem Augenblick beginnt so ein dämlicher Kerl, ein Wachtposten, von der Mauer herunter zu brüllen wie ein Kalb. Er schrie die üblichen Aufforderungen. (Ein Befehl schreibt vor, daß auf alle Schatten zu schießen ist.) Auf Spanisch kann ich nur „Oh" sagen. So antwortete ich denn, so gut ich konnte: „Kumpan ... alter Kumpan ... Jugendfreund." Und um noch sicherer zu gehen, drückte ich mich mit meinen vier Gliedmaßen gegen die Mauer. Auf diese Weise kam ich nach Hause. Als ich die Tür aufstieß, gab er einen Schuß ab. Ich aber machte „uff"!

Didi fragt mich, was ich treibe ... Nun, ich befliege die Strecke über die nicht unterworfene Sahara: Dakar – Juby. Die Sahara fängt an, sobald der Senegal überquert ist. Das ist Französisch-Mauretanien. Von Port-Étienne ab, wo die spanische Zone (Río de Oro) anfängt, ist sie nicht unterworfen. Auch die Kameraden der Strecke Casablanca – Juby haben aufständisches Gebiet von Juby bis nach Agadir.

Es ist eine sehr sportliche Sache. Vergangenes Jahr hat man zwei unserer Piloten (von vieren) umgebracht, und über tausend Kilometer habe ich die Ehre, wie ein Rebhuhn beschossen zu werden. Die anderen tausend sind friedlicher (denn wir fliegen zweitausend Kilometer hin und zweitausend Kilometer zurück bei jedem Kurierflug).

Ich mußte schon einmal in der Wüste notlanden, aber mein Kamerad vom anderen Flugzeug (wir fliegen jeweils mit zwei Maschinen) konnte mich wieder flottmachen: ich war auf gutem Gelände aus hartem Sand niedergegangen. Wenn einen keiner flottmachen kann, muß das weniger amüsant sein. Die Uruguayer erzählten uns, man hätte sie bestimmt schon umgebracht, wenn sie Franzosen wären. Sie sind schon öfters beschossen worden. Na, wenn man mich fängt, werde ich sehr höflich sein und um Entschuldigung bitten wie neulich meinen Löwen, als ich ihn bloß verwundete und meine

Büchse eine Ladehemmung hatte. Da verging mir das Lachen: die Löwen lieben es anscheinend gar nicht, wenn man sie verwundet. Diese Biester sind sehr empfindlich, aber ich saß im Wagen und hatte die geniale Idee zu hupen. Die Wirkung war erheblich. Denn ich verjagte den Löwen in Mauretanien über die Grenzen der Sahara. Vier Tage Autofahrt in der Wüste. Nicht einmal eine Kamelfährte, wir durchschifften den Sand, umsteuerten Dünen usw.; wir übernachteten auf Lagerplätzen, wo unsere beiden Rumpelkästen zuerst Schrekken, dann Bewunderung erregten. Wenn wir Herden begegneten, requirierten wir Schafe. Es war das Leben eines Grandseigneurs. Ich habe Didi diese Expedition eingehend beschrieben, und dann fand ich meinen Brief in einem Buche wieder. Ob sie ihn wohl niemals erhalten hat?

Pierre, es ist Mitternacht, zu einer so ungehörigen Stunde möchte ich Dich nicht länger stören. Du bist gewiß müde. Ich umarme Dich herzlich

Antoine

P. S. Ich habe den Auftrag, mit den maurischen Stämmen Beziehungen anzuknüpfen und möglichst eine Reise in das aufsässige Gebiet zu unternehmen. Ich übe den Beruf eines Fliegers, eines Botschafters und eines Forschers aus. Ich bin eben dabei, meinen Abstieg in die Bärengrube vorzubereiten. Wenn das was wird und ich wieder davon zurückkehre – was für Erinnerungen bringe ich dann mit!

Ich erhalte keinen Brief mehr von Mama. Didi soll doch so nett sein und ihr genau erklären, wie sie schreiben muß! Ich hab es schon zweimal versucht ... Es beunruhigt mich sehr, denn ich weiß, daß Mama Grippe hat. Schreib mir schnell.

Ich habe den Dreh jetzt herausbekommen. Mama schreibt postlagernd; das geht, sag ihr nichts.

Ich lade Dich ein, einen Schoppen mit mir zu trinken. Falls Du Gelegenheit hast, hier vorbeizukommen, wird es mir eine Freude sein, mein Versprechen einzulösen. Andernfalls werde ich versuchen, in einem Jahr in Agay hineinzuschauen (o weh...?). Dakar ist sehr hübsch bei Nacht, wenn man schläft. Es ist wie Du.

Finde mir eine entzückende Person. Es wird mir ein Vergnügen sein, zur Aufbesserung der menschlichen Rasse beitragen zu können. Wenn sie reich ist, bekommst Du Prozente von der Mitgift, wenn sie hübsch ist, bekommst Du Prozente von... nein, das nicht. Du bist ein zu großer Lüstling.

Ich bin nicht schläfrig und bin allein. Was für ein Zeitverlust.

Und Du zur gleichen Stunde... Du Lüstling! (Warst Du es nicht, dem das kleine Mädchen sagte: „Na, für einen Lüstling bist Du aber ein rechter Tolpatsch!"?) Guten Abend, großer Bruder.

Schreibe wenigstens einmal in Deinem Leben. Gott wird es Dir vergelten. (Damit will ich nicht sagen, daß er Dir schreiben wird, aber vielleicht läßt er Dir die Haare wieder wachsen. Welch eine Belohnung!)

Antoine

Meine kleine Mama

Was für ein Mönchsleben führe ich doch! Im verlorensten Winkel von ganz Afrika, mitten in der spanischen Sahara. Ein Fort auf dem Strande, unsere Baracke danebe, und dann nichts mehr über Hunderte und Hunderte von Kilometern.

Die Sahara liebe ich sehr und auch diese schönen Seen, die einen umgeben, wenn man landen muß, und in denen sich die Dünen spiegeln. (Was übrigens recht ärgerlich ist, wenn man Durst hat ...) Mir geht es ausgezeichnet. Meine kleine Mama, Du hast einen Sohn, der sehr glücklich ist und seinen Weg macht.

Sobald die Flut kommt, umspült uns das Meer ganz und gar, und wenn ich nachts an meinem Fensterchen stehe – es hat Gitterstäbe wie im Gefängnis; wir befinden uns ja in aufständischem Gebiet –, habe ich das Meer unter mir, genauso nah wie in einem Boot. Und es pocht die ganze Nacht an meine Wand.

Auf der anderen Seite sieht man auf die Wüste.

Die Entäußerung von allem Komfort ist vollständig: ein Bett, das aus einem Brett und einem dünnen Strohsack besteht, ein Waschbecken, ein Krug. Ich vergesse noch die Nippsachen: die Schreibmaschine und die Paperassen des Flugplatzes. Eine Mönchszelle.

Die Flugzeuge kommen alle acht Tage durch. Dazwischen liegen drei Ruhetage. Und wenn meine Flugzeuge starten, sind sie wie meine Küchlein. Und ich bin in Sorge, bis ich die funkentelegrafische Meldung erhalte, daß sie die nächste Etappe erreicht haben – in tausend Kilometern Entfernung. Und ich bin dafür gerüstet, mich nach den Vermißten auf die Suche zu machen.

Einen Haufen gerissener und charmanter kleiner Araber beschenke ich täglich mit Schokolade. Ich bin beliebt bei den

Kindern der Wüste. Es gibt darunter weibliche Dreikäse-
hochs, die schon wie indische Prinzessinnen aussehen und
denen so viele mütterliche Gebärden eigen sind. Ich habe alte
Kameraden unter ihnen.

Jeden Tag kommt der Marabu, um mir arabischen Unterricht
zu geben. Er lehrt mich schreiben. Und ich kann mich schon
etwas verständlich machen. Ich lade Maurenhäuptlinge zu
mondänen Tees ein. Und sie bitten mich ihrerseits zu einer
Tasse Tee in ihr Zelt, zwei Kilometer tief im aufständischen
Gebiet, wo noch niemals ein Spanier gewesen ist. Und ich
werde mich noch weiter vorwagen. Und nichts dabei riskie-
ren, da ich allmählich bekannt bin.

Ich liege auf ihrem Teppich, ich betrachte durch den Aus-
schnitt der Leinwand den ruhigen, gewellten Sand, den ge-
wölbten Boden, die Söhne des Häuptlings, die nackt in der
Sonne spielen, das Kamel, das unmittelbar neben dem Zelt
angebunden ist. Und ich habe ein seltsames Gefühl. Nicht als
wäre ich in der Ferne, von allem abgesondert, sondern es
kommt mir vor wie ein flüchtiges Spiel. Mein Rheumatismus
stört mich nicht. Seit meiner Abreise hat er sich eher gebes-
sert.

Und was treibst Du, meine kleine Mama, in Deiner Wüste,
mit Deinen anderen Adoptivkindern?[71] Wir beide sind fern
von jeder Existenz (sic!). So fern, daß ich mich in Frankreich
glaube oder ganz nah, ein Familienleben führend und alte
Freunde wiederfindend; ich glaube, in Saint-Raphael auf
einem Picknick zu sein.

Am Zwanzigsten jeden Monats, wenn uns das Segelschiff aus
den Kanarischen Inseln mit Lebensmitteln versorgt – wenn
ich dann morgens mein Fenster aufstoße, hat sich der Hori-
zont ein ganz weißes, ganz schmuckes Segel zugelegt; es ist
sauber wie frisches Linnen, das kleidet die ganze Wüste, das
läßt mich an die Wäschekammer der Häuser denken, ihr in-
timstes Gemach. Und ich denke auch an die alten Kammer-
frauen, die ihr Leben lang weiße Tischtücher plätten und sie

in den Wandschränken aufstapeln, und das duftet! Und mein Segel wiegt sich ganz sachte, wie eine gut geplättete bretonische Haube, aber das ist eine kurze Freude.

Ich habe ein Chamäleon gezähmt. Darin besteht ja hier meine Aufgabe: zu zähmen. Das ist mir recht, es ist ein hübsches Wort. Und mein Chamäleon gleicht einem vorsintflutlichen Tier. Es sieht aus wie ein Diplodocus. Seine Bewegungen sind äußerst langsam, seine Vorkehrungen nahezu menschlich, und es versinkt in endlosen Überlegungen. Es bleibt Stunden unbeweglich. Es scheint aus der Nacht der Zeiten zu stammen. Wir träumen alle beide am Abend.

Meine kleine Mama, ich umarme Dich, so wie ich Dich liebhabe. Schreib mir eine Zeile.

Antoine

Juby, Dezember 1927

Meine kleine Mama

Es geht mir gut. Das Leben ist nicht sehr kompliziert, und es läßt sich nicht viel darüber berichten. Freilich wird es jetzt etwas bewegter, weil die Mauren hier mit einem Angriff anderer maurischer Stämme rechnen, so daß man sich auf den Krieg vorbereitet. Das Fort gerät dadurch kaum in größere Unruhe als ein sanftmütiger Löwe, aber während der Nacht läßt man alle fünf Minuten Raketen steigen, die die Wüste in eine wunderbare Opernbeleuchtung tauchen. Wie alle großen maurischen Unternehmungen wird das dann mit dem Raub von vier Kamelen und drei Frauen sein Ende finden. Als Handarbeiter verwenden wir Mauren und einen Sklaven. Dieser Unglückliche ist ein Schwarzer, der vor vier Jahren aus Marrakesch entführt wurde, wo seine Frau und seine Kinder leben. Da die Sklaverei hier geduldet wird, arbeitet er für

Rechnung des Mauren, der ihn gekauft hat, und liefert ihm allwöchentlich seinen Lohn ab. Sobald er so verbraucht sein wird, daß er nicht mehr arbeiten kann, läßt man ihn sterben; so will es der Brauch. Die Spanier können nichts für ihn tun, da es sich um einen Aufständischen handelt. Ich würde ihn gern in ein Flugzeug einschmuggeln, das nach Agadir fliegt, aber dann würde man uns alle umbringen. Er kostet zweitausend Francs. Falls Du jemanden kennen solltest, den dieser Zustand empört und der mir das Geld schicken könnte, so würde ich ihn auslösen und ihn zu seiner Frau und seinen Kindern expedieren. Er ist ein braver Kerl und sehr unglücklich.[72]

Ich würde gern Weihnachten mit Euch in Agay verbringen. Agay ist für mich der Inbegriff des Glücks. Gewiß langweile ich mich dort manchmal ein bißchen, aber nur so, wie einen ein zu beständiges Glück langweilt. Falls ich nächste Woche nach Casablanca komme, was möglich ist, werde ich dort für diese Kinder Zaïam-Teppiche bester Qualität aussuchen. Sie brauchen sie anscheinend. Das Wetter ist trüb heute. Meer, Himmel, Sand gehen ineinander über. Es ist eine Wüstenlandschaft der Urzeit. Manchmal stößt ein Meervogel einen schrillen Schrei aus, und dann wundert man sich über diese Spur des Lebens. Gestern hab' ich gebadet. Auch als Schiffsauslader war ich tätig. Wir erhielten per Schiff eine Kiste, die zweitausend Kilo wog. Es war keine einfache Unternehmung, sie über die Sandbank hinüberzubringen und am Strand auszuladen. Mit der Sicherheit eines ehemaligen Seekadetten in spe kommandierte ich eine Barkasse, die so groß war wie ein Waschschiff und ebenso schlank. Ich war etwas seekrank: wir machten nahezu Loopings.

Ich bin ganz wunschlos. Ich habe entschieden eine Anlage zum Mönchsleben. Ich lade Mauren zum Tee ein, mache ihnen Besuche. Ich schreibe ein bißchen. Ich habe ein Buch angefangen.[73] Sechs Zeilen sind schon fertig. Na, so ist das immer.

Heute abend ist Weihnachten. Das fällt wirklich gar nicht auf in diesem Sande. Die Zeit verrinnt hier ohne Merkzeichen. Seltsame Art, sein Leben auf dieser Welt zu verbringen.

Ich umarme Dich zärtlich.

Antoine

Juby, 1927

Meine kleine Mama

Alles ist hier in großer Aufregung, um zwei Kurierflugzeuge zu suchen, die irgendwo in der Sahara verschwunden sind. Ein Kamerad ist gefangen. Ich bin fünf Tage lang nicht aus dem Flugzeug herausgekommen, und wir haben ganz großartige Dinge erlebt.
Ich umarme Dich in Eile. In anderthalb Monaten werde ich in Frankreich sein. Verzeih mir diesen so kurzen Brief, aber wir sind müde zum Umfallen.

Antoine

Juby, 1928

Meine kleine Mama

Wir haben dieser Tage großartige Dinge erlebt: Suche nach verschwundenen Kameraden, Bergung eines Flugzeugs usw. ...; ich bin noch nie so oft in der Sahara gelandet, habe noch nie so oft in ihr geschlafen und die Kugeln pfeifen gehört.
Ich hoffe immer noch, daß ich im September heimkommen kann, aber einer meiner Kameraden ist gefangen, und es ist

meine Pflicht, hierzubleiben, solange er in Gefahr ist. Vielleicht kann ich noch zu etwas nützlich sein.[74] Freilich träume ich zuweilen von einer Existenz, in der es ein Tischtuch gibt, Früchte, Spaziergänge unter den Linden, vielleicht eine Frau; in der man die Leute liebenswürdig begrüßt, wenn man ihnen begegnet, statt auf sie zu schießen; in der man sich nicht mit zweihundert Stundenkilometern im Nebel verirrt und auf weißem Kies wandelt statt auf dem ewigen Sande.

Alles das ist so fern!

Ich umarme Dich zärtlich

Antoine

Juby, 1928

Meine kleine Mama

Mir geht es ganz gut. Ich glaube, ich werde bloß nächstes Jahr eine Kur in Aix brauchen. Hiervon abgesehen, scheint eine eintönige Sonne auf einem stets bewegten Meer, denn der Ozean hier kommt nie zur Ruhe.

Ich lese ein bißchen und habe mich entschlossen, ein Buch zu schreiben.[75] Hundert Seiten habe ich schon und bin ziemlich im Aufbau festgefahren. Ich möchte allzu verschiedene Dinge und Gesichtspunkte hineinbringen. Ich frage mich, was Du davon halten würdest.

Wenn ich jemals in zwei oder drei Monaten ein paar Tage in Frankreich verbringen sollte, werde ich's André Gide oder Ramon Fernandez zeigen.

Ich begann bei den Spaniern zu sondieren, wie sie sich zu einer Erkundungsfahrt nach Marokko, ins aufständische Gebiet, stellen würden. Ich sprach zunächst nur von einer Jagdexpedition, um sie nicht kopfscheu zu machen, aber ich werde mich bemühen, das Prinzip zu erweitern. Es bedarf einer Diplomatie, die sehr langsam vorgeht. Außerdem weiß ich noch nicht, welche Meinung die Fluggesellschaft zur Zeit vertritt.

Schließlich muß man noch mindestens einen Monat warten, denn jetzt wird in dieser Gegend Krieg geführt.

Ich träume voller Melancholie von Saint-Maurice und auch von Agay, obgleich ich das Meer allmählich leid bin! Und von der ganzen Lieblichkeit Frankreichs.

Ich umarme Dich zärtlich, so wie ich Dich liebhabe.

Dein getreuer Sohn

Antoine

Juby, 1928

Meine kleine Didi

Auf der Suche nach zwei Kurierflugzeugen, die in der Wüste verlorengegangen sind, habe ich für meine Person etwa achttausend Kilometer über der Sahara in fünf Tagen zurückgelegt. Ich wurde von Mauren, etwa dreihundert Kerlen, beschossen wie ein Kaninchen. Ich habe aufregende Tage hinter mir; ich bin viermal in aufständischem Gebiet gelandet und habe eine Nacht dort nach einer Notlandung verbracht.

In solchen Augenblicken riskiert man sehr großzügig seinen Kopf.

Bisher wissen wir, daß die Besatzung des ersten Kurierflugzeugs gefangen ist; aber die Mauren verlangen als Lösegeld eine Million Gewehre, eine Million Peseten, eine Million Kamele. (Eine Kleinigkeit!) Und die Sache steht nicht gut, denn die Stämme fangen schon an, sich darum zu balgen.

Was die Besatzung des zweiten Kurierflugzeugs angeht, so hat sie sich offenbar irgendwo im Süden unterbringen lassen, denn wir haben keinerlei Nachricht von ihr. Ich denke, daß ich im September nach Frankreich zurückkomme; ich habe es sehr nötig. Ich möchte nicht früher heimfahren, da ich ein paar Sous für meinen Urlaub brauche und noch nicht genug habe. Ich ziehe einen Fenek oder Wüstenfuchs auf. Er ist kleiner als eine Katze und hat riesige Ohren. Er ist reizend.

Hier folgt eine schematische Skizze des Fenek.

Leider ist er wild wie ein Raubtier und brüllt wie ein Löwe.
Ich habe einen Roman von 170 Seiten abgeschlossen, ich weiß nicht recht, was ich davon halten soll. Du wirst ihn im September zu sehen bekommen.
Ich möchte möglichst bald wieder ein zivilisiertes, menschliches Leben beginnen; von meinem Dasein hier könnt Ihr nichts verstehen, und das Eure kommt mir so fern vor. Ich empfinde es als solch einen Luxus, glücklich zu sein ...

Dein alter Bruder

Antoine

PS. Wenn Du willst, heirate ich ...

Juby, 1928

Meine kleine Mama

Es ist abgemacht, daß ich nach Frankreich zurückkehre, sobald uns die Kameraden, die seit zwei Monaten gefangen sind, herausgegeben werden. Im Augenblick weiß man nichts von ihnen, nicht einmal, ob sie noch am Leben sind. Es herrscht im übrigen zur Zeit große Unordnung in der Sahara, in der sich alle Nomadenstämme erbittert bekriegen.[76] Augenscheinlich besteht keine große Ähnlichkeit mit Saint-Maurice.

Es geht mir nicht gerade schlecht, aber ich möchte gern bald heimkommen, um mich in Aix-les-Bains oder Dax etwas aufzufrischen – und vor allem, um Euch alle wiederzusehn. Ich habe nun elf Monate Einsamkeit hinter mir; allmählich werde ich zu einem richtigen Wilden.

Ich verlasse Dich und umarme Euch alle von ganzem Herzen. Vielleicht sehen wir uns wirklich Anfang September?

Dein getreuer Sohn   Antoine

Juby, 1928

Meine kleine Mama

Es geht mir nicht schlecht. Dein Brief hat mich gerührt. Leider Gottes sind meine Kameraden immer noch gefangen, und ich fürchte, daß es noch mindestens vierzehn Tage lang Verhandlungen geben wird, und so muß ich mich bis Mitte September gedulden.

Und doch drängt es mich so sehr, bei Dir zu sein ... Ich umarme Dich, so wie ich Dich lieb habe.

Dein getreuer Sohn   Antoine

Meine kleine Mama

Mein Nachfolger mußte bei den Mauren notlanden, als er unterwegs war, um mich abzulösen: ich habe kein Glück.
Ich muß mindestens noch drei Wochen warten. Und ich sehne mich so sehr danach, Dich wiederzusehen, Dich zu umarmen, Dir etwas Freude zu machen. Und auch, meinen ewigen Sand zu verlassen! Ich lebe nicht mehr, während ich auf diese Abreise warte.
Ich umarme Dich, so wie ich Dich lieb habe.

Antoine

Juby, 1928

Ein Wort in Eile, meine kleine Mama

In den nächsten zehn Tagen komme ich heim.
Deine fünftausend Francs erhältst Du bestimmt Ende Dezember zurück. Ich liebe Dich unendlich. Ich schreibe nicht länger, denn ich hatte eine kleine entzündete Wunde am Finger und anschließend eine Lymphangitis, die mich noch immer daran hindert, meinen Arm richtig zu gebrauchen.
In zwei Tagen geht das wieder.
Ich umarme Dich unendlich.

Antoine

Meine kleine Mama

Ich schreibe Dir aus Port-Étienne während einer Zwischen-landung. Es liegt mitten in der Wüste. Es zählt etwa drei Häu-ser. In einer Viertelstunde fliegen wir weiter. Vorige Woche war ich auf Löwenjagd. Ich habe keinen Löwen erlegt, aber auf einen geschossen und ihn verwundet. Hingegen haben wir ein großes Blutbad unter anderen wilden Tieren – Kei-lern, Schakalen usw. – angerichtet. Vier Tage mit dem Auto am Rande der Sahara, in Mauretanien. Wir brachen durch das Dickicht wie Tanks.
Ein Maurenhäuptling hat mich nach Boutlimit eingeladen. Für die Fluggesellschaft kann das interessant sein. Vielleicht wird er mich ins aufständische Gebiet mitnehmen. Welch wunderbare Expedition!
Ich bin wohlauf. Wie geht's Monot? Der Brief Onkel Hu-berts[77] erwartete mich; ich werde ihm Briefmarken schicken. Die Hitze ist atemberaubend in dieser lieblichen Sahara. Nachts hingegen schwitzt alles Wasser aus. Es ist ein seltsa-mes Land. Aber faszinierend. Den Senegal dagegen verab-scheue ich immer mehr.
Ich umarme Dich, wie ich Dich lieb habe, meine kleine Mama.

Antoine

Meine kleine Mama

Dein Telegramm hat mich gerührt. Und ich mache mir solche Vorwürfe, daß ich's nicht mehr fertigbringe zu schreiben.

Aber wahrhaftig. Dein Brief über mein kleines Buch[78] hat mich unter allen am meisten gerührt. Und ich sehne mich so danach, Dich wiederzusehen. Sobald in einem Monat der Verkauf meines Buches begonnen hat, fahren wir zusammen nach Dax; ich brauche das sehr, ich bin ganz traurig und erschöpft. Und dann zeige ich Dir das kleine Buch, das ich jetzt anfange.

Brest ist nicht sehr lustig.

Wenn ich vier- oder fünftausend Francs zur Verfügung hätte, würde ich Dich bitten, zu mir nach Brest zu kommen. Doch im Augenblick habe ich nichts als Schulden; ich würde gern etwas borgen, da ich gewiß bin, mit meinem Buch Geld zu verdienen – aber wen soll ich anpumpen?

Nun, in einem Monat fahre ich ab.

Gern würde ich auch Saint-Maurice wiedersehn, mein altes Haus. Und meine Truhe. Ich habe wirklich in meinem Buch viel daran gedacht. Meine kleine Mama, wie kannst Du nur auf den Gedanken kommen, daß mich Deine Briefe langweilen könnten! Es sind die einzigen, bei denen mir wirklich das Herz klopft.

Kannst Du mir schreiben und mir berichten, was man über mein Buch sagt? Aber zeige es um Himmels willen nicht X., Y. und anderen Dummköpfen. Man muß wenigstens Giraudoux verstehen, um es zu begreifen.

Ich umarme Dich zärtlich.

Antoine

Meine liebe Mama

Du bist zu bescheiden. Der Argus der Presse schickt mir alle Zeitungen, in denen von Dir die Rede ist; ich bin so glücklich, daß Dir die Stadt Lyon ein Bild abgekauft hat[80], meine kleine berühmte Mama!
Was sind wir doch für eine Familie!
Ich denke, geliebte Mama, Du bist nun mit Deinem Sohn und Dir selber etwas zufrieden! In den nächsten drei Wochen werde ich Dich wiedersehn. Das wird eine große Freude für mich sein!
Hast Du den Artikel von Edmond Jaloux gelesen, dem berühmtesten der Kritiker?
Sag es mir, falls Du anderer Meinung bist!
Ich umarme Dich aus tiefstem Herzen, so wie ich Dich lieb habe.

Dein getreuer Sohn

Antoine

Buenos Aires, 1929

Meine kleine Mama

Ich bin auf dem Schiff.[81] Es wird eine entzückende Reise werden. Seit meiner Abreise hatte ich nicht eine Sekunde Zeit übrig und bin ebenso abgespannt wie ruhebedürftig. Endlich ist es nun soweit.
Gallimard ist sehr zufrieden über mein Buch, von dem er mir die Fahnen per Luftpost schicken wird; er möchte sofort ein weiteres haben.

Yvonne, die hierherkam, um mir in Chitrés Namen Lebewohl zu sagen, erzählte, in der literarischen Welt spreche jeder davon.

Du wirst (in drei oder vier Tagen) einen endlosen Brief erhalten, den ich vom Hafen Bilbao in Spanien absenden werde. Ich umarme Dich sehr zärtlich. Dies ist kein Abschiedsbrief: nur eine kurze Zeile vor Bilbao, um Dir meine ganze Zuneigung, meine kleine Mama, meine so tiefe Zuneigung, die Dir wohlbekannt ist, zu sagen.

Umarme Tante Mad und bonne Maman. Umarme Didi.

Antoine

Buenos Aires, 1929

Meine kleine Mama

Recht friedliche Reise. Ich führe Scharaden mit kleinen Mädchen auf, verkleide mich, denke mir kleine Vorträge aus. Gestern spielten wir Blinde Kuh und Chat perché.[82] Ich komme mir vor, als wäre ich fünfzehn Jahre alt.

Man braucht viel Fantasie, um nicht zu vergessen, daß man auf einem Schiff ist. Kein Lärm, ein ölglattes Meer. Höchstens hört man das Surren der riesigen Ventilatoren, die sich unaufhörlich auf dem Vorderdeck drehen.

Allmählich wird es heiß. Wir machen fünf Stunden in Dakar Station. Alte Erinnerungen. Mein Brief wird Dich in drei oder vier Tagen per Luftpost erreichen.

Meine kleine Mama, wie klein ist die Welt. In Dakar meine ich, noch in Frankreich zu sein. Vielleicht, weil ich jeden Fels, jeden Baum auf der großen Allee kenne, die von Toulouse nach dem Senegal führt. Kein Stein auf diesem Weg, den ich nicht wiedererkennen würde.

Wir sind eben in den Hafen von Dakar eingelaufen, und man

übergibt mir Deinen Brief. Das rührt mich, und ich frage mich, wie Du auf diese gute Idee verfallen bist. Du bist eine erfinderische Mutter.

Noch fühle ich mich weder traurig noch fern, nicht einmal abwesend. Man kann nicht sagen, man wäre auf Reisen, keine Bewegung, kein Laut, und dazu die Scharaden im Salon vor den Familienmüttern, die im Kreis herumsitzen! Das ist alles nicht sehr exotisch und auch keine Kolonialatmosphäre. Abgesehen vom heißen und schwülen Winde Dakars. Aber man könnte auch glauben, man wäre an einem drückenden Tage in Saint-Maurice. Fliegende Fische und Haifische geben Vorstellungen während der Fahrt. Die kleinen Mädchen stoßen kleine Schreie aus. Dann führt man eine Scharade über einen Fisch auf oder porträtiert einen Haifisch. Ich werde jetzt an Land gehen und diesen Brief zur Post bringen. Ich umarme Dich sehr zärtlich. Ich habe Euch alle ein wenig bei mir.

Jetzt wirst Du in nicht allzu langer Zeit einen Brief aus Südamerika bekommen. Meine kleine Mama, diese Erde ist ganz klein: man ist nie sehr weit fort. Ich umarme Dich, so wie ich Dich lieb habe.

Antoine

Hotel Majestic, Buenos Aires, 25. Oktober 1929

Meine kleine Mama

Ich habe nun endlich erfahren, was ich tun soll ... Ich bin zum Direktor der Aeroposta Argentina ernannt, einer Tochtergesellschaft der Compagnie Générale Aéropostale (mit Bezügen von etwa 225 000 Francs jährlich). Ich denke, Du wirst zufrieden sein; ich bin etwas traurig darüber. Mein früheres Dasein gefiel mir gut.

Ich habe das Gefühl, daß ich dadurch älter werde. Ich werde übrigens noch fliegen, aber nur für Inspektionen und zur Erkundung neuer Flugstrecken.

Erst heute abend wurde ich über mein Schicksal unterrichtet, und vorher wollte ich Dir nichts davon sagen. Ich bin auch in Zeitnot, denn die Post muß in einer halben Stunde im Kasten sein.

Schreib mir an die Adresse, die auf meinem Brief steht (Hotel Majestic), und nicht an die Gesellschaft. Sobald ich eine Wohnung habe, schreib mir bitte dorthin.

Buenos Aires ist eine abscheuliche Stadt, ohne Charme, ohne Erholungsmöglichkeiten, ohne irgendwas.

Am Montag begebe ich mich ein paar Tage nach Santiago und Samstag nach Commodoro-Rivadavia in Patagonien. Ich werde Dir morgen mit dem Schiff einen guten Brief schicken. Ich umarme Euch alle, so wie ich Euch lieb habe.

Antoine

Buenos Aires, 30. Oktober 1929

Meine kleine Mama

Das Leben vergeht schlicht und ruhig wie im Lied. Ich war in Comodoro-Rivadavia in Patagonien und in Asunción in Paraguay. Hiervon abgesehen, führe ich ein ruhiges Leben und verwalte weise die Aeroposta Argentina.

Ich kann Dir nicht sagen, was für eine Freude mir Dir zuliebe meine Stellung macht! Das ist doch eine schöne Revanche für Deine Erziehung, findest Du nicht? Man hat Dir deswegen solche Vorwürfe gemacht.

Das ist gar nicht so übel, wenn man mit neunundzwanzig Jahren Direktor eines so großen Unternehmens ist.

Ich habe eine kleine möblierte Wohnung genommen, die

entzückend ist. Hier meine Adresse – schreibe immer dorthin: Monsieur de Saint-Exupéry, Galeria Goemes, Calle Florida, departemento 605, Buenos Aires.

Ich machte die Bekanntschaft reizender Leute, Freunde der Vilmorins (zwei Brüder sind übrigens in Südamerika). Ich werde bestimmt noch andere finden, die Musik und Bücher lieben und mich etwas über die Sahara trösten können. Und auch über Buenos Aires, das eine andere Art von Wüste ist.

Meine kleine Mama, Du hast mir einen so liebevollen Brief geschrieben, daß ich noch ganz gerührt bin. Wie gern hätte ich Dich hier! Wird es vielleicht in einigen Monaten möglich sein? Aber Buenos Aires beunruhigt mich so Deinetwegen, diese Stadt, in der man derart gefangen ist. Stell Dir vor, daß es in Argentinien keine Landschaft gibt. Nichts. Man kommt nie aus der Stadt heraus. Draußen gibt es nur quadratische Felder, ohne Bäume, mit einer Baracke und einem eisernen Wasserrad in der Mitte. Über Hunderte von Kilometern sieht man aus dem Flugzeug nichts anderes. Unmöglich zu malen. Unmöglich spazierenzugehen.

Ich möchte auch gern heiraten.

Und Monot? Könntest Du mir etwas von allen berichten, auch darüber, was man von meiner neuen Stellung sagt? Und auch von meinem Buch?

Ich umarme Euch alle, so wie ich Euch lieb habe.

Antoine

Meine kleine Mama

Du wirst nächste Woche telegrafisch siebentausend Francs erhalten, von denen fünftausend für die Rückzahlung an Marchand und zweitausend für Dich bestimmt sind. Und von Ende November ab werde ich Dir dreitausend Francs an Stelle der zweitausend schicken, von denen ich Dir sprach.

Ich habe lange darüber nachgedacht. Ich möchte, daß Du den Winter in Rabat verbringst, um dort zu malen. Du wirst Dich dort glücklich fühlen und kannst Dich mit zahlreichen interessanten Dingen beschäftigen.

Ich werde Dir die Reise bezahlen, und wenn Du dann noch dreitausend Francs monatlich hast, glaube ich, daß Du ganz angenehm damit leben kannst. Nur bin ich zu weit weg, um dort etwas für Dich zu suchen. Könntest Du nicht an die Auvenais' oder an irgendwelche Bekannte schreiben, die Freunde in Rabat haben? Ich möchte nicht, daß Du Dich dort einsam fühlst, aber ich glaube, daß Du dort völlig glücklich sein wirst. Und es ist so hübsch. Und in zwei Monaten wird es voller Blumen sein.

Du könntest übrigens auch einen kleinen Abstecher nach Marrakesch machen und dort bleiben, falls Du Marrakesch zum Malen vorziehst, aber ich glaube, daß Rabat Dir gefallen wird.

Auf jeden Fall rate ich von Casablanca ab.

Hier ist ein recht düsteres Land. Aber ich reise darin herum. Neulich war ich im Süden, in Patagonien (bei den Ölquellen in Comodoro-Rivadavia), und dort fanden wir Tausende von Seehunden auf dem Strand. Und wir fingen einen jungen, den wir im Flugzeug mitnahmen. Denn der Süden ist hier in der Kältezone. Der Südwind ist der kalte Wind. Je weiter man nach Süden kommt, um so mehr friert man. – Jetzt beginnt der Sommer in Buenos Aires, und es ist heiß.

Meine kleine Mama, ich umarme Dich zärtlich.

Antoine

Buenos Aires, 1930

Meine kleine Mama

Ich lese gerade „Staub"[83]; ich glaube, uns allen gefällt das, ebenso wie „Die standhafte Nymphe"[84], weil wir uns darin wiedererkennen. Auch wir bildeten einen Klan. Und diese Welt aus Kindheitserinnerungen, aus unserer Sprache, unseren Spielen wird mir stets hoffnungslos wahrer erscheinen als die andere.

Ich weiß nicht, weshalb ich heute abend an die kalte Halle in Saint-Maurice denken muß. Nach dem Abendessen setzten wir uns auf die Truhen oder die Ledersessel und warteten, bis es Zeit wurde, ins Bett zu gehn. Und die Onkel wanderten derweil im Flur auf und ab. Er war schlecht beleuchtet, man hörte Bruchstücke ihrer Sätze, es war geheimnisvoll. Geheimnisvoll wie das Innere Afrikas. Dann begann das Bridge im Salon, die Geheimnisse des Bridge. Wir gingen schlafen.

In Le Mans sangst Du zuweilen unten, wenn wir schon im Bett lagen. Das drang zu uns wie der Widerhall eines ungeheuren Festes. So kam es mir vor. Der „gütigste", der friedlichste, der freundlichste Gegenstand, den ich jemals gekannt habe, war der kleine Ofen im oberen Zimmer in Saint-Maurice. Nie hat mich etwas so sehr über das Dasein beruhigt. Wenn ich nachts einmal aufwachte, brummte er wie ein Kreisel und warf freundliche Schatten an die Wand. Ich weiß nicht, weshalb er mich an einen treuen Pudel erinnerte. Dieser kleine Ofen behütete uns vor allen Gefahren. Zuweilen

kamst Du herauf, öffnetest die Tür und fandest uns gut umhegt von einer wohligen Wärme. Du hörtest ihn emsig brummen und gingst dann wieder hinunter.

Ich habe nie solch einen Freund gehabt.

Was Unendlichkeit ist, lehrte mich nicht die Milchstraße,
nicht die Fliegerei, nicht das Meer, sondern das zweite Bett in
Deinem Zimmer. Es war ein wunderbarer Glücksfall, krank
zu sein. Jeder von uns sehnte sich danach, es zu werden. Dieses Bett war ein Ozean ohne Grenzen, auf den die Grippe ein
Anrecht verlieh. Es gab da auch einen lebendigen Kamin.

Was Ewigkeit ist, lehrte mich Mademoiselle Marguerite.[85]
Ich bin nicht ganz sicher, ob ich seit meiner Kindheit gelebt
habe.

Jetzt schreibe ich ein Buch über den Nachtflug.[86] Aber seinem innersten Sinn nach ist es ein Buch über die Nacht. (Ich
lebte immer erst nach neun Uhr abends.)

Hier der Anfang; es sind meine ersten Erinnerungen an die
Nacht:

„Wir träumten im Hausflur, wenn die Nacht anbrach. Wir
lauerten auf den Vorbeizug der Lampen: man trug sie wie
einen armvoll Blumen, und eine jede bewegte Schatten an
der Wand – Schatten, die schön waren wie Palmen. Dann bog
das Traumbild um die Ecke; dann verschloß man diesen
Strauß aus Licht und dunklen Palmen im Salon.

Alsbald war der Tag für uns zu Ende, und man brachte uns in
unsere Kinderbetten, damit wir einem anderen Tag entgegen-
reisten.

Mutter, Du neigtest Dich über uns, über diesen Aufbruch der
Engel, und damit die Reise friedlich sein sollte: damit nichts
unsere Träume störte, entferntest Du hier eine Falte, dort
einen Schatten, eine Woge aus dem Bettlaken ...

Denn man glättet ein Bett wie, mit göttlicher Hand, das
Meer."

Sodann ist die Rede von weniger behüteten Nachtdurchque-
rungen, vom Flugzeug.

Du kannst nicht recht ermessen, welch unendliche Dankbarkeit ich Dir gegenüber empfinde und welch ein Haus von Erinnerungen Du mir gebaut hast. Ich sehe so aus, als wäre ich ohne Gefühl. Ich glaube, daß ich mich ganz einfach schrecklich dagegen sträube.

Ich schreibe wenig, dafür kann ich nichts. Sehr oft ist mein Mund zugenäht. Das war immer stärker als ich.

Ich habe eben einen schönen Flug hinter mir, auf dem ich zweitausendfünfhundert Kilometer an einem Tag zurücklegte. Das war auf der Rückkehr vom äußersten Süden, wo die Sonne um zehn Uhr abends untergeht, in der Nähe der Magellanstraße. Alles ist grün dort: Städte auf Wiesen. Seltsame Städtchen aus Wellblech. Und Leute, die – weil sie so sehr frieren und sich daher um Feuerstellen versammeln – ungemein sympathisch geworden sind.

Die Sonne entfärbte sich im Meer. Das war entzückend. Diesen Monat schicke ich Dir dreitausend Francs. Ich denke, das wird so recht sein. Du wirst sie am 10. oder am 15. erhalten. Im ganzen schickte ich Dir schon zehntausend Francs (das macht dann dreizehntausend). Aber ich weiß überhaupt nicht, ob Du sie erhieltest und ob sie Dir Freude machten. Das hätte ich gern erfahren.

Ich umarme Dich so zärtlich.

Antoine

Meine kleine Mama

Mir geht es nicht so schlecht. Ich beginne einen großen Film auszuarbeiten, den ich hoffentlich eines Tages drehen kann.[87] Einstweilen habe ich einen kleinen Filmapparat gekauft, um Dir einige amerikanische Erinnerungen mitbringen zu können.

Kürzlich war ich in Santiago, wo ich französische Freunde wiedertraf. Was für ein schönes Land, und wie großartig sind die Anden! Ich befand mich dort in sechstausendfünfhundert Metern Höhe, als ein Schneesturm aufkam. Alle Felsenspitzen spien Schnee wie Vulkane, und mir war, als begänne das ganze Gebirge zu kochen. Ein schönes Gebirge mit Gipfeln von siebentausendzweihundert Metern (armer Mont-Blanc!), das zweihundert Kilometer breit ist. Bestimmt ist es ebenso unzugänglich wie eine Festung, wenigstens im Winter (leider Gottes haben wir immer noch Winter), und darüber im Flugzeug – da hat man ein Gefühl wunderbarer Einsamkeit.

Ich habe nach und nach reizende Freunde gefunden. Aber es ist zuweilen melancholisch, immer so weit fort zu sein. Und doch brächte ich's so schlecht fertig, in Frankreich zu leben ...

Schreib mir mit Luftpost, meine kleine Mama, ich weiß nichts von Euch allen.

Ich umarme Dich zärtlich.

Antoine

Meine kleine Mama

Ich habe geweint, als ich Deinen kleinen, so besonnenen Brief las, denn in der Wüste hab ich nach Dir gerufen. Ich war in großem Zorn entbrannt gegen die Trennung von allen Menschen, gegen dieses Schweigen, und ich rief nach meiner Mama. Es ist schrecklich, wenn man jemanden zurückläßt, der einen braucht wie Consuelo.[89] Man sehnt sich gewaltig danach heimzukommen, um zu behüten und Schutz zu gewähren, und man reißt sich die Nägel aus an diesem Sand, der einen hindert, seine Pflicht zu tun, und man möchte Berge versetzen. Dich aber brauchte ich; es war an Dir, mich zu behüten und mir Schutz zu gewähren, und ich rief nach Dir mit der Selbstsucht einer kleinen Ziege.
Ein wenig Consuelo zuliebe bin ich heimgekommen, aber durch Dich, Mama, kommt man heim. Die Du so schwach bist, wußtest Du Dich so sehr als Schutzengel und stark und weise, daß man zu Dir betet, allein, in der Nacht?

Antoine

Orconte, Dezember 1939[90]

Meine kleine Mama

Ich wohne in einem recht sympathischen Bauernhof. Es gibt dort drei Kinder, zwei Großväter, Tanten und Onkel. Man unterhält ein großes Holzfeuer, an dem ich mich auftaue, wenn ich wieder aus dem Flugzeug klettere. Denn wir fliegen hier in zehntausend Metern Höhe bei – fünfzig Grad Kälte! Aber wir sind so vermummt (30 Kilo an Kleidung!), daß wir nicht allzusehr darunter leiden.

Ein komischer Krieg im Zeitlupentempo! Wir tun ja noch etwas, aber die Infanterie! Pierre[91] soll doch unbedingt seine Weinberge kultivieren und seine Kühe pflegen! Das ist weit wichtiger, als wenn er Schrankenwärter wäre oder Korporal in einem Depot. Ich habe den Eindruck, daß man noch viele entlassen wird, damit sich die Industrie wieder erholen kann. Es besteht keinerlei Interesse daran, an Erstickung zugrunde zu gehn.

Sage Didi, sie soll mir von Zeit zu Zeit eine Zeile schreiben. Ich hoffe, Euch alle in etwa vierzehn Tagen zu sehen. Ich wäre darüber sehr glücklich!

Antoine

Orconte, 1940

Meine kleine Mama

Ich habe Dir zwar geschrieben, aber ich bin recht betrübt darüber, daß meine Briefe verlorengegangen sind. Ich war ziemlich krank (starkes Fieber ohne deutlich ersichtlichen Grund), aber das ist vorbei, und ich bin jetzt wieder bei meiner Gruppe. Du mußt mir nicht böse wegen meines Schweigens sein, das kein richtiges Schweigen war, da ich Dir ja schrieb und da ich unglücklich war über mein Kranksein. Und dann, wenn Du wüßtest, wie zärtlich ich Dich liebe, wie ich Dich in meinem Herzen trage und wie ich Deinetwegen in Sorge bin, geliebte Mama. Ich möchte zuerst und vor allem, daß die Meinen in Frieden leben.

Mama, je länger das dauert – der Krieg und die Gefahren und die Bedrohung der Zukunft –, um so mehr sorge ich mich um die Menschen, die mir anvertraut sind. Die arme kleine Consuelo, die so ganz verlassen ist, erregt mein unendliches Mitleid. Sollte sie sich eines Tages in die Provence flüchten, so empfange sie, Mama, wie Deine Tochter, tu es mir zuliebe. Meine kleine Mama, Dein Brief hat mir solchen Kummer gemacht, weil er voller Vorwürfe war und ich von Dir nur Botschaften erhalten möchte, die unendlich zärtlich sind.

Antoine

Orconte, Mai 1940

Meine kleine Mama

Ich schreibe Dir auf meinen Knien, in Erwartung eines angekündigten Bombenangriffs, der nicht kommt, aber ich zittere für Dich, diese italienische Drohung bekümmert mich, weil sie Dich in Gefahr bringt; ich habe Deine Zärtlichkeit unendlich nötig, meine kleine Mama. Weshalb muß denn alles, was ich auf Erden liebe, bedroht sein? Mehr als der Krieg erschreckt mich die Welt von morgen. All diese zerstörten Dörfer, diese auseinandergerissenen Familien, der Tod: das ist mir gleich; aber ich möchte nicht, daß die geistige Gemeinschaft angetastet wird.

Ich erzähle Dir nicht viel von meinem Leben, es gibt nicht viel zu berichten: gefährlicher Auftrag, Essen, Schlaf; ich bin schrecklich unbefriedigt, man braucht andere Übungen für das Herz. Die bejahte und bestandene Gefahr genügt nicht, um in mir eine Art beschwerten Gewissens zu beruhigen.

Die Seele ist's, die heute derart verlassen ist, man stirbt vor Durst.

Ich umarme Dich zärtlich.

Antoine

Meine kleine geliebte Mama

Wir starten nach Algier. Ich umarme Dich, wie ich Dich liebhabe. Erwarte keine Briefe, das wird unmöglich sein, aber
wisse von meiner Zärtlichkeit.

Antoine

New York, 1944 [93]

Geliebte Mama, Didi, Pierre, Ihr alle, die ich so liebe, aus tiefstem Herzen, was wird aus Euch, wie geht es Euch, wie lebt
Ihr, was denkt Ihr? Er ist so, so traurig, dieser lange Winter.
Und doch hoffe ich so sehr, daß Du mich in einigen Monaten vor Deinem Kaminfeuer in die Arme schließen kannst,
meine kleine Mama, meine alte Mama, meine zärtliche
Mama; ich hoffe, ich kann Dir dann alles sagen, was ich
denke, alles mit Dir bereden, wobei ich Dir sowenig wie möglich widerspreche ..., Dir zuhören, wenn Du zu mir sprichst,
die Du immer recht hast in allen Dingen des Lebens ...
Meine kleine Mama, ich habe Dich lieb.

Antoine

Meine kleine Mama

Ich erfahre in diesem Augenblick, daß ein Flugzeug nach Frankreich startet. Das erste und das einzige. Ich möchte Dich in zwei Zeilen umarmen, sosehr ich kann, ebenso Didi und ihren Pierre. Gewiß werde ich Dich bald wiedersehn.

Antoine

Borgo, Juli 1944[95]

Meine kleine Mama

Ich möchte so gern, daß Du über mich beruhigt wirst und diesen Brief erhältst. Es geht mir sehr gut. In jeder Hinsicht. Aber ich bin so betrübt, daß ich Dich so lange nicht wiedergesehn habe. Und ich bin um Dich besorgt, meine alte kleine geliebte Mama. Wie unglücklich ist diese Epoche.
Es schnitt mir ins Herz, daß Didi ihr Haus verloren hat. Ach, Mama, wie gern möchte ich ihr helfen! Aber für die Zukunft soll sie ganz stark auf mich rechnen. Wann wird es möglich sein, den Menschen, die man liebt, zu sagen, daß man sie liebt?
Mama, umarme mich, so wie ich Dich umarme, aus tiefstem Herzen.

Antoine

Anmerkungen

[1] Ausspruch von Pierre Macaigne.

[2] In „Wind, Sand und Sterne".

[3] In „Wind, Sand und Sterne".

[4] Im „Brief an einen General".

[5] Dieses Zitat wie die beiden vorhergehenden sind Briefen an Pierre Dalloz entnommen.

[6] Emmanuel de Fonscolombe, Bruder von Madame de Saint-Exupéry, Eigentümer des Schlosses La Môle.

[7] Der zehnjährige Antoine war Halbinterner im Gymnasium Sainte-Croix in Le Mans. Seine Mutter hielt sich damals in Saint-Maurice-de-Rémens auf.

[8] Anaïs de Saint-Exupéry, Tante Antoines väterlicherseits.

[9] Die beiden Briefe des Zehnjährigen zeichnen sich durch ihre eigenwillige Interpunktion und Orthographie aus, die sich in der Übersetzung nicht wiedergeben lassen. So schreibt er beispielsweise: „esque vous pourrez" statt „est-ce que vous pourriez", „rand" statt „rang", „abéi" statt „abbaye".

[10] Antoine war damals mit seinem Bruder Interner in dem von Marianisten geleiteten „Collège Saint-Jean" in Freiburg in der Schweiz. Er blieb dort drei Jahre, von 1914 bis 1917. Madame de Saint-Exupéry war Krankenpflegerin im Bahnhofslazarett von Ambérieu und besuchte ihre Söhne einmal in der Woche.

[11] Die Mutter Louis de Bonnevies, eines nahen Freundes und Klassenkameraden Antoines in Freiburg.

[12] François de Saint-Exupéry war an Gelenkrheumatismus erkrankt; drei Monate später starb er an diesem Leiden in Saint-Maurice-de-Rémens.

[13] Nachdem Antoine seine beiden Examen in Freiburg bestanden hatte, bereitete er sich im Gymnasium Saint-Louis in Paris auf die Seekadettenschule vor.

[14] Spitzname, den er seiner Schwester Gabrielle gab.

[15] Madame Jordan, eine Freundin Madame de Saint-Exupérys, empfing Antoine jede Woche und ließ ihn Erbauungsschriften lesen, um den jungen Mann vor allen Gefahren zu warnen, die ihn bedrohten.

[16] Anaïs de Saint-Exupéry ist Ehrendame der Duchesse de Vendôme.

[17] Das Schloß La Môle im Departement Var ist Familiensitz der Fonscolombes.

[18] Didi ist der zweite Spitzname seiner Schwester Gabrielle.

[19] Vetter Madame de Saint-Exupérys.

[20] Spitzname für Antoines Schwester Simone.

[21] Schüler der École Polytechnique, der Schule für Militäringenieure, Berg- und Wegebau. Der Spitzname taupin heißt etwa „Maulwurf".

[22] In der École Centrale wurden die Zivilingenieure ausgebildet. Ihr Spitzname piston dürfte von piston = Kolben herrühren.

[23] Spitzname der Seekadetten und der Anwärter auf die École Navale.

[24] Gemeint sind die Schüler der Kriegsschule von Saint-Cyr.

[25] Die Bizuts heißen die Schüler im ersten Schuljahr; Torche = Fakkel.

[26] Maurice de Lestrange, Vetter der Mutter Antoines.

[27] Marie-Thérèse Jordan, Tochter des Generals Jordan.

[28] Yvonne de Lestrange, Cousine Antoines.

[29] Die älteren Schüler des Gymnasiums Saint-Louis waren nach Bourg-la-Reine evakuiert worden. Einer der Gründe für diesen Ortswechsel war ihre Gewohnheit, aufs Dach zu klettern, um die Bombardements zu betrachten.

[30] Mathematiklehrer, der den Vorbereitungskurs für die Marineakademie leitete.

[31] Fotograf, der von einer Aufnahme François de Saint-Exupérys auf seinem Totenbett, die Antoine gemacht hatte, mehrere Abzüge herstellte.

[32] Rose de Lestrange, Cousine der Mutter Antoines.

[33] Nachdem Antoine im Jahr 1919 das Aufnahmeexamen für die Marineschule nicht bestanden und sich im Jahre 1920 auf die Kunstakademie (Abteilung für Architektur) vorbereitet hatte, wurde er auf seinen Antrag am 2. April 1921 dem 2. Fliegerregiment in Straßburg, doch nur dem Bodenpersonal, zugeteilt. Er bemühte sich infolgedessen um Aufnahme in den aktiven Flugdienst.

[34] Saint-Maurice-de-Rémens (Department Ain) ist eine Besitzung Madame de Saint-Exupérys, die ihr von Madame de Tricaid vermacht wurde. Antoine verbrachte dort seine Schulferien.

[35] Sabran ist ein Freund Antoines, den er in Freiburg kennengelernt hat.

[36] Einer der Spitznamen seiner Schwester Simone.

[37] Freunde Pierre d'Agays, des Gatten Gabrielle de Saint-Exupérys.

[38] Fräulein de Fonscolombe, Schwester der Mutter Antoines.

[39] Schwägerin seines Vaters.

[40] Antoine wurde am 17. Juni 1921 zum 37. Fliegerregiment nach Rabat versetzt und blieb dort bis Januar 1922.

[41] Anspielung auf das selbsterfundene Liedchen, mit dem der kleine Antoine und seine Schwestern in Saint-Maurice den Dorfpfarrer zu empfangen pflegten:

> Herr Pfarrer, putzt Eure Stiebel,
> und kommt dann, uns zu traun.
> Denn bei uns geht um die Liebe,
> wie die Ratten in einer Scheun.

[42] Spitzname seiner Schwester Madeleine.

[43] Direktor der École Bossuet und großer Freund Antoines.

[44] Antoine war an Bord des Schiffes, das ihn wieder nach Frankreich brachte.

[45] Antoine wurde dorthin als Flugschüler versetzt.

[46] Alte Erzieherin Antoines, der er in „Wind, Sand und Sterne" unter dem Namen „Fräulein Sophie" ein Denkmal setzte.

[47] Régine de Bonnevie, die Schwester von Louis de Bonnevie.

[48] Antoine nahm als Leutnant der Reserve im Lager Avord an einer militärischen Übung teil.

[49] Er war damals Fabrikationsleiter einer Ziegelei.

[50] Anspielung auf die Hochzeit Gabrielle de Saint-Exupérys mit Pierre d'Agay.

[51] Es handelt sich um Antoines erstes Werk „L'Aviateur" (Der Flieger), von dem nur der 1926 in der Zeitschrift „Navire d'Argent" veröffentlichte Auszug erhalten geblieben ist.

[52] Die Fabrik, in der er arbeitete, liegt in Suresnes, einem Pariser Vorort.

[53] François de Fonscolombe, Sohn von Jacques de Fonscolombe, Vetter Antoines, der seinen Militärdienst ableistete.

[54] Es handelt sich immer noch um den „Aviateur".

[55] Louis de Bonnevie.

[56] Simone de Saint-Exupéry absolvierte damals eine Pariser Spezialschule.

[57] „L'Aviateur".

[58] „Les Amis de Biche" (Biches Freunde).

[59] Henri de Ségogne.

[60] Maria-Madeleine de Saint-Exupéry, Antoines Schwester, sollte

zwei Jahre später sterben. Sie ist Verfasserin eines Bandes, in dem Er-
zählungen über Blumen und Tiere vereinigt sind und der im Jahre
1927 vom Verlag Lardanchet in Lyon unter dem Titel „Les amis de
Biche" veröffentlicht wurde.

[61] Antoine sollte eine Vertretung für die Saurer Lastwagen übernehmen.

[62] Renée und Laure de Saussine (siehe „Briefe an Rinette" von Antoine de Saint-Exupéry).

[63] Antoine war soeben in die Dienste der Fluggesellschaft Latécoère
getreten, die damals ihren Sitz in Toulouse hatte. Er wird Pilot auf
der Linie Toulouse – Dakar.

[64] Anspielung auf die Enthüllung einer Kartenlegerin.

[65] Den „Südkurier", den er für die Nouvelle Revue Française
schrieb.

[66] Der Flugplatz in Cap Juby steht unter dem Schutz eines spanischen Forts, das als militärische Strafanstalt dient: der Casa de Mar.

[67] Ein Dorf an der Somme, das während des ersten Weltkrieges dem
Erdboden gleichgemacht wurde. Antoines Mutter leitete dort ein
soziales Hilfswerk.

[68] Briefe an seinen Schwager, Pierre d'Agay.

[69] Das Wortspiel des Originals zwischen „vague" = Woge und „vague" = undeutlich, verschwommen, läßt sich nicht direkt wiedergeben.

[70] Vielgelesener französischer Romanautor des 19. Jahrhunderts.

[71] Anspielung auf die Hilfstätigkeit von Madame de Saint-Exupéry
in Combles.

[72] Von diesem Sklaven namens Bork erzählt Saint-Exupéry in
„Wind, Sand und Sterne" (Kapitel ‚Die Wüste').

[73] „Südkurier".

[74] In Wahrheit waren zwei Flieger: Reine und Serre, Gefangene der
Mauren. Am 17. September 1928 versuchte Antoine, sie zu befreien.

[75] Es handelt sich immer noch um den Roman „Südkurier".

[76] Am 10. Oktober 1928 beteiligte sich Antoine in aufständischem
Gebiet an der Bergung eines spanischen Flugzeugs, dessen Besatzung
verwundet war.

[77] Hubert de Fonscolombe, ein Bruder Madame de Saint-Exupérys.

[78] Antoine nahm dort an einem Kursus der Marine über Luftnaviga-
tion teil.

[79] „Südkurier".

[80] Die Stadt Lyon kaufte Madame de Saint-Exupéry drei Bilder ab.

Das von Antoine erwähnte stellt den Park von Saint-Maurice-de-Rémens dar.

[81] Antoine war nach Buenos Aires unterwegs.

[82] Spiel, bei dem man sich vor dem Verfolger auf Stühle und derglei-
chen rettet.

[83] Roman von Rosamond Lehmann.

[84] Roman von Kennedy.

[85] Gouvernante Antoines.

[86] Sein zweiter Roman „Nachtflug" erschien 1931.

[87] Anne-Marie nennt sich der Film, dessen Drehbuch er ausarbei-
tete. Das Projekt sollte nicht verwirklicht werden.

[88] Mit einem Caudron-Simoun versuchte Antoine, allein von Paris
nach Saigon zu fliegen. Am 29. Dezember 1935, vier Stunden nach
seinem Start in Bengasi, stürzte er in der Libyschen Wüste ab. Erst
am Abend des 1. Januar 1936 wurde er aufgefunden.

[89] Antoine heiratete im Jahre 1931 in Agay Consuelo Suncin, die er
in Buenos Aires kennengelernt hatte.

[90] Antoine wurde der Aufklärungsstaffel 2/33 zugeteilt, die damals
in Orconte (Marne) ihr Quartier hatte.

[91] Pierre d'Agay.

[92] Am 20. Juni 1940 brachte er in einem unfertigen viermotorigen
Bomber Flugpersonal und Material aus Bordeaux nach Nordafrika.

[93] Dieser Brief erreichte Madame de Saint-Exupéry durch einen der
Anführer der elsässischen Résistance namens Dungler, der im Ja-
nuar 1944 von den Amerikanern über Clermont-Ferrand mit dem
Fallschirm abgesetzt wurde.

[94] Antoine war Hauptmann in einer Luftwaffeneinheit der 78. amerikanischen Armee, die ihre Basis in La Marsa bei Tunis hatte. Dieser Brief erreichte Madame de Saint-Exupéry auf illegalem Weg.

[95] Antoine, der auf seine Bitte wieder der Staffel 2/33 zugeteilt
wurde, schrieb vom Flugplatz Borgo bei Bastia auf Korsika. Dieser
Brief, der letzte, den er seiner Mutter sandte, erreichte sie erst im Juli
1945, ein Jahr nach dem Flug, von dem er nicht wieder zurückkehrte.

Die Wiedergabe der Briefe versucht soweit wie möglich, dem eigenen Gedanken- und Sprachrhythmus Antoine de Saint-Exupérys zu
folgen, ohne in jedem Fall Rücksicht auf die üblichen Regeln zu nehmen.

Das Programm mit Profil

Verena Kast
Loslassen und sich selber finden
Die Ablösung von den Kindern
Band 4002

Richard Lamerton
Sterbenden Freund sein
Beistehen in der letzten Lebensphase
Vorwort von Paul Türks
Band 4004

Eugen Drewermann
Die Spirale der Angst
Der Krieg und das Christentum
Mit vier Reden gegen den Krieg am Golf
Band 4003

Irmhild Söhl
Tadesse, warum?
Das kurze Leben eines äthiopischen
Jungen in einem deutschen Dorf
Vorwort von Gunnar Hasselblatt
Band 4005

Die fünf großen Weltreligionen
Hinduismus, Buddhismus, Islam, Judentum, Christentum
Hrsg. von Emma Brunner-Traut
Band 4006

HERDER / SPEKTRUM

Bernhard Gerl
Schrei nicht! Weine nicht!
Ein irakischer Flüchtling erzählt seine Geschichte
Band 4037

Gerd Heinz-Mohr
Lexikon der Symbole
Bilder und Zeichen der christlichen Kunst
Band 4008

Lorenz Wachinger
Wie Wunden heilen
Sanfte Wege der Psychotherapie
Band 4009

Elfriede Mosenthin
Am Ende bleibt die Menschlichkeit
Als Nachtschwester auf der Pflegestation
Band 4015

Christine Swientek
Mit 40 depressiv, mit 70 um die Welt
Wie Frauen älter werden
Band 4010

Elisabeth Lukas
Auch dein Leben hat Sinn
Logotherapeutische Wege zur Gesundung
Vorwort von Viktor E. Frankl

Karlfried Graf Dürckheim
Mein Weg zur Mitte
Gespräche mit Alphonse Goettmann
Band 4014

HERDER / SPEKTRUM

Lew Tolstoj
Zeiten des Erwachens
Mit einem Nachwort herausgegeben
von Axel Dornemann
Band 4017

Elie Wiesel
Den Frieden feiern
Mit einer Rede von Václav Havel
Hrsg. von R. Boschert-Kimmig
Band 4019

Das Glück liegt auf der Hand
ABC der Lebensfreuden
Hrsg. von Rudolf Walter
Band 4021

José Luis Sampedro
Das etruskische Lächeln
Roman
Band 4022

Tanz der göttlichen Liebe
Das Hohelied des Karmel
Herausgegeben und eingeleitet von Elisabeth Hense
Band 4023

Franz von Assisi
Geliebte Armut
Texte zum Nachdenken
Herausgegeben von Thomas und Gertrude Sartory
Band 4024

HERDER / SPEKTRUM

HERDER / SPEKTRUM